名人家风丛书

淡远雄奇沐万代

——周馥与周氏家风

本书系2016年度国家社会科学基金重大项目“中国传统文化教育资源的开发利用研究”（项目批准号：16ZDA230）阶段性成果。

名人家风丛书

徐梓 主编

淡远雄奇沐万代

——周馥与周氏家风

翟力 著

中原出版传媒集团
中原传媒股份公司

大象出版社
·郑州·

图书在版编目(CIP)数据

淡远雄奇沐万代：周馥与周氏家风 / 徐梓主编；翟力著.— 郑州：大象出版社，2022. 2
ISBN 978-7-5711-1194-6

Ⅰ. ①淡… Ⅱ. ①徐… ②翟… Ⅲ. ①家庭道德-中国②周馥-家族-史料 Ⅳ. ①B823. 1②K820. 9

中国版本图书馆 CIP 数据核字(2021)第 183366 号

名人家风丛书
徐 梓 主编
DAN YUAN XIONG QI MU WAN DAI
淡远雄奇沐万代
——周馥与周氏家风
翟 力 著

出 版 人 汪林中
总 策 划 郑强胜
责任编辑 梁金蓝
责任校对 万冬辉
书籍设计 王 敏

出版发行 大象出版社(郑州市郑东新区祥盛街 27 号 邮政编码 450016)
发行科 0371-63863551 总编室 0371-65597936
网 址 www. daxiang. cn
印 刷 河南瑞之光印刷股份有限公司
经 销 各地新华书店经销
开 本 890 mm×1240 mm 1/32
印 张 6. 5
字 数 139 千字
版 次 2022 年 2 月第 1 版 2022 年 2 月第 1 次印刷
定 价 22. 00 元

印厂地址 武陟县产业集聚区东区(詹店镇)泰安路与昌平路交叉口
邮政编码 454950 电话 0371-63956290

总　序

一个人有一个人的气质，一个国家有一个国家的性格。一个家庭在长期的延续过程中，也会形成自己独特的风气。这样一种看不见的风尚习惯、摸不着的精神风貌，以一种隐性的形态存在于特定家庭的日常生活之中，家庭成员的一举手、一投足，无不体现出这样一种习性。这就是家风。

“家风”一词，最早见于西晋著名文学家潘岳的诗中。与潘岳有“双璧”之称的夏侯湛，自恃文才超群，将《诗经》中有目无文的六篇“笙诗”补缀成篇。潘岳为与友人唱和，写作了《家风诗》。在这首诗中，作者通过歌颂祖德、称美自己的家族传统以自勉。

“家风”又称“门风”，这个词语在西晋出现并在随后流行，显然和“士族”“世族”“势族”“大族”“世家大族”成为社会上的统治力量有关。无论是以宗族为根基、以武力为特质的地方豪族，还是以官宦为标志、以文化为表征的名家大姓，他们政治上累世贵显，经济上广占土地，文化上世传家学，垄断了全社会的主要资源。除通过九品中正制和婚姻关系来维护门阀制度之外，他们还自矜门户、标树家风，用以抵御皇权和寒人的侵渔。正因为如此，两晋以后，这个词语渐次流行。从发轫之初，“家风”就往往和“门风”互用。我们可以将它理解为家庭的风气，将它看作一个家庭的传统、一个家庭的文化。

传统作为人类代代相传的行事方式，是从过去延传到现在的事物。没有经过较长时间的过滤和沉淀，就形成不了传统。在《论传统》的作者希尔斯看来，至少要持续三代人，才能成为传统。尽管世代本身的长短不一，但无论是信仰还是行动范式要成为传统，至少需要三代人的两次延传。家风作为特定家庭的传统，是该家庭长时期历史汰选、传统沉淀的结果，是一辈又一辈先人生活的结晶。在历史文献中，“家风”或与“世德”共举，或与“世业”并称，足见家风有别于时尚，而与“世”即很多年代、好几辈子紧密关联。在时间上持续的短暂性是时尚的特征，而家风则是历经延传并持久存在，或者在子孙后代身上一再出现的东西。正是在这个意义上，历史文献中提及“家风”一词，往往蕴含对传统的继承。如比比皆是的“不坠家风”“世守家风”“克绍家风”“世其家风”及“家风克嗣”等，无不体现了这一特点。

有一种观点认为，家风必须是健康的、积极向上的，否则，不能称之为家风。实际上，这只是说者的一种期许、一种渴盼，家风本身并不蕴含这样的意味。否则，“良好家风”就是毫无意义的同义反复。正如“文化”是使民族之间表现出差异性的东西，时时表现着一个民族的自我和特色一样，家风作为家庭的文化和传统，表现的也是一个家庭的气质和风习，反映出一个家庭与其他家庭的不同之处。它完全是一个中性的概念，并不必然具有正面的意义。有的家风可能是勤奋俭朴、为人忠厚、待人有礼，也有的家风可能是狡诈刻薄、游荡为非、跋扈凶横。如同一所学校、一个班级的风习我们称之为校风、班风，而校风有好坏之分，班风有高下之别，并不总是值得弘扬一样，家风同样也有不良的，并不都是传家宝。正因为如此，对家风或门风则就既有称誉，也有贬损。即便是在传统社会，被视为传家久、继世长的，也只有耕读、忠厚、清廉这样一些美好的品质。

的确，家风的特征在前现代、在乡村社会、在大家庭中表现得十分鲜明，格外生动，而在现代城市家庭中却不那么明显。但是，只要一个组织存在，就会有这个组织的文化，特别是这个组织如果有历史的厚重，有传统的积淀，就更是如此。作为家庭的文化，家风是附丽于家庭而存在的，只要有家庭，就会有家风。家风并不必然会因为农村的城市化、大家族被小家庭所取代而丧失，或者说，随着历史的演进，社会情势的变化，家风的具体内容肯定会有变化，但家风仍然会存在。在社会结构和家庭结构都发生了革命性变革的当今社会，人们感叹“家风”的荡然无存，其实是指家庭所秉持的“只耕田，只读书，自然富贵；不欠债，不健讼，何等安宁”这样一些古典原则的式微，是指“耕读两途，读可荣身耕可富；勤俭二字，勤能创业俭能盈”这样一些传统内容的沦落，是“志欲光前，惟是诗书教子；心存裕后，莫如勤俭传家”这样一些旧时理念的散淡，而不是家风本身的消逝。

此外，家风不同于家规。虽然这两个词都与家庭教育相关，但它们有着本质的差异。

家规是家庭或家族中的规矩，是家人所必须遵守的规范或法度，是父祖长辈为后代子孙所制定的立身处世、居家治生的原则和教条。它是借助尊长的权威，加之于子孙族众的又一重道德约束，有的甚至具有法律效力。它有家训、家诫、家仪、家教、家法、家约、家矩、家则、家政、家制等名义，有敬祖宗、睦宗族、教子孙、慎婚嫁、务本业、励勤奋、尚节俭等多方面的内容，是行于口头、针对性强的具体教诫，是见诸家书、目的明确的谆谆训诲，是载诸家谱、可供讽诵的文本规条。家规可以有多种分类，如：根据其表现形式，可以分为教诫活动的家规和文献形式的家规两种；根据内容，则可以分为针对一人一事、起因明确、内容具体、结果显豁的非规范性家规和针对整个人生、涉及方方面面的规范性家规。有的家规，着重家庭子弟的道德修养，教授为人处世要法；有的家规，集中居家治生，以至是祠堂、义庄、学塾等的管理规条。但无论如何，相对于家风，家规一个总的特点是有形的，是可视可见的。

一个家庭的家风有别于这个家庭世代相传的道德准则和处世方法，它是一个家庭的性格特征。虽然它一旦形成，也就成为教化的资源，对家族子弟具有熏染影响、沾溉浸濡的意义，但它是一种不必刻意教诫或传授，仅仅通过耳濡目染就能获得的精神气质，具有“润物细无声”的作用。历史文献中的“渐渍家风”，就极为生动形象地诠释了这一过程。通俗地说，我们可以把家规看作教化家人的教科书，而家风则是经由长期教化后的结果。

2014年春节期间，中央电视台的“家风”系列报道，引起了社会的热烈反响和高度认同。这一报道对于引导人们自觉省思，培植良好的家风，构建和谐的家庭关系，夯实家庭这一社会的堡垒，进而培养全社会的良风美俗，疗治现今社会的乱象，无疑具有积极的意义。正是基于这样一种用心，《寻根》杂志主编郑强胜代表大象出版社，约请我主编这套“名人家风丛书”。

第一辑十种出版之后，广受读者好评、社会欢迎。众多媒体都曾予以推荐，并入选国家新闻出版广电总局向全国青少年推荐百种优秀出版物、入选第二届中华优秀传统文化普及图书50种图书推荐目录，出版社也一印再印。受这种情势鼓舞，强胜兄按此前我们商议好的计划，不失时机地敦促我们启动了第二辑的编写工作。2016年5月18日，他给我发来了《“名人家风丛书”第二辑编写建议》，第二辑的编写工作由此启动。2018年6月，他又给我发来了《“名人家风丛书”第三辑编写建议》，第三辑的编写工作由此启动。

2016年，我作为首席专家承担了国家社会科学基金重大项目“中国传统文化教育资源的开发利用研究”（项目批准号：16ZDA230）的研究工作，本辑图书的编写也是该项目研究工作的一部分，并受到了项目的资助，王立刚居中做了大量的工作。

本辑的编写者，依然主要是我的学生，也吸纳了个别对此有热情、有研究的朋友参加。由于时间仓促，特别是水平所限，其中肯定会有这样或那样的问题，诚挚地希望读者不吝赐教，以便我们把这项工作做得更好。

北京师范大学国学经典教育研究中心 徐梓

2020年1月

目录

引 言

在安徽省南部东至县，有一个叫周村的小村庄，这个村庄紧靠纸坑山，在这个小山村居住着周氏家族，后人把东至周氏家族称为“纸坑山周氏”。这个家族的发迹，是从清末封疆大臣周馥开始的。

周馥，是一个在近代中国历史上并不为众人所熟知的名字，但他是晚清重臣李鸿章和袁世凯生命中不可或缺的人物。

他从一个没落、贫困的家庭走出来，沉浮官场30余年，历任永定河道、长芦盐运史、候补道、津海关道、直隶按察使等职，并追随李鸿章多方面参与了北洋新政，最后做到了清朝的督抚大臣（山东巡抚、两江总督、两广总督）。同时，他也是中国近代不可多得的治水专家，取得了极大的治水成效，时人盛赞曰：“其功德在民，尤以河工最巨。”

自周馥开始，100多年来，周家后人如长江之浪，从未停歇，又灿若繁星，前后辉映。周氏家族就这样逐渐成为中西交汇、文商并举的名门望族。

周馥有六子三女，周氏一门人才荟萃。

1918年正月，周馥一家人在天津英租界米多士路周学辉住宅前留影

周馥长子周学海，潜心研究医学，是一位很有声望的中医学家，编有《周氏医学丛书》；次子周学铭，曾进入翰林院，是宣统年间《建德县志》的纂修者；三子周学涵，早年染疫病殁，年仅16岁；四子周学熙，是大名鼎鼎的北方民族工业奠基人，开创了中国北方一系列的工业，和张謇有“南张北周”之称；五子周学渊，是诗人和教育家；六子周学辉，是民族实业家，领导过四哥周学熙的纺织业、水泥业。三女分别为周瑞钿、周瑞珍、周瑞珠，其中，周瑞珠嫁给袁世凯八子袁克轸。

周家第三代同样人才济济。

在周学海的五个儿子中，长子周今觉（周达）是著名数学家，研究领域十分广泛，论著涉及数论、初等几何、不定方程式、级数及代数学等，成果丰硕，是中国现代数学研究的开拓者和先驱者，是中国数学会创始人之一，推动了中国近现代数学史的发展。同时，他也是著名集邮家，人称“邮票大王”。除此之外，他还是一名诗人，著有诗集《今觉庵诗》；二子周仲衡（周逵）在清末曾去美国留学并获得医学博士学位，是著名外科大夫，曾任协和医院外科主任；三子周叔弢（周暹）知名度最高，既是著名实业家，又是全国著名的善本古籍收藏家，曾任天津市市长和全国政协副主席，与南方善本古籍收藏家陈澄中有“南陈北周”之誉，他所收藏的726种宋元抄、校善本，如今都已捐赠给国家，收藏在国家图书馆里。此外，他还为天津图书馆捐赠了400多种活字本古籍，256卷敦煌经卷和近千方古玺印也都悉数捐给天津艺术博物馆；四子周季木是著名古文物收藏家，收集有汉、魏、晋刻石，其收藏全部收藏在故宫博物院。

周学熙的长子周志辅，集实业家和收藏大家于一身，也是著名京剧史家，曾录有余叔岩全部《盗宗卷》的唱片，拍摄电影《宁武关》，人称“戏单大王”；二子周志俊，著名实业家，他在父亲周学熙的指派下，筹备、经营了青岛华新纱厂，之后又在上海创办了信和、信孚、信义、新安、新成、新业等厂，曾任山东省人大常委会副主任；三子周叔迦，现代著名佛学家，曾任北京大学教授、清华大学教授、中国佛学院院长、中国佛教协会副会长等职。

周学辉的二子周明稣，曾长期领导北京自来水公司；二女周仲铮，是著名的画家和作家。周仲铮在天津进步人士李峙山、邓颖超等人的支持下，冲破封建家庭的桎梏，争取到女子入学受教育的权利。值得一提的是，她50岁后才开始学习绘画，并最终成为别具风格的著名画家。她用德文写成的自传体小说《小舟》，已被译成多种文字，在世界各国流传甚广。

周馥家族的第四代，更是在中国学术界大放异彩。

周今觉的长子周震良是山东工学院电机系教授；次子周煦良是著名文学翻译家，一生著作甚多，曾任华东师范大学外语系主任；三子周炜良，是世界级的著名数学大师，“现代微分几何之父”陈省身对其赞不绝口，说：“炜良是国际上领袖的代数几何学家。他的工作有基本性的，亦有发现性的，都极富创见。中国近代的数学家，如论创造工作，无人能出其右。”

周叔弢的下一代更是光彩夺目。长子周一良，是蜚声国内外的历史学家，从事史学研究60余年，在中国史、日本史、亚洲史、敦煌学及中外关系史诸领域都有著作问世；二子周珏良，是著名翻译家，曾任外语学院教授；三子周艮良，曾任天津市建筑设计院副院长；四子周杲良，是著名神经生理学专家，曾任美国斯坦福大学教授；五子周以良，是著名的植物分类学、植物生态学和林学方面的专家，对我国东北植被的研究在国内外学术界产生了重大和深远的影响，被聘为国际林区草地学术委员会主席等职务，还被授予“纽约科学院院士”和“生物保护爵士”称号；六子周治良，是著名建筑学家，曾担任北京首都体育馆设计组负责人和亚运会工程副总指挥兼总建筑师；七子周景良，中国科学院地质研究所研究员，是我国最早使用电子衍射进行晶体原子结构分析者，晚年开始从事写作工作；长女周珣良，是铁道部教育处干部；二女周与良，是著名生物学家，曾任南开大学教授。

而这并非这一代中的全部，除了周今觉和周叔弢的孩子们，第四代中还有很多耀眼的学者，如周叔迦的长子周绍良，是著名红学家，潜心研究中国传统文化，长期从事敦煌俗文学及小说文学的研究，一生笔耕不辍，论著有二十多部。此外，还有周棨良、周骏良、周骥良、周秉良、周禹良等。

第五代和第六代亦不乏优秀人才，同样在学术界有一席之地。周震良之子周启昆，是新西兰生物学家；周煦良长子周启成，庄子思想研究者，浙江大学教授、古典文学专家；周一良长子周启乾，天津社会科学院日本史专家；周珏良次子周启鸣，信息系统理论和技术研究者，香港浸会大学地理系教授；周绍良之子周启晋，澳门先达国际集团总裁；周以良长女周琪华，盲人歌唱家，国家二级独唱演员。第六代中，周全，毕业于英国剑桥大学及澳洲新威尔士大学，现任教于澳门大学；周北辰，获美国普林斯顿大学博士学位；周北婴，美国麻省理工学院硕士；周游，剑桥大学法学硕士。

周氏家族，第一代周馥主要从政；以周学熙为代表的第二代，既从政又经营企业；以周叔弢为代表的第三代，既经办企业又搞收藏，家族逐渐由实业家族向文化家族过渡；第四、五、六代主要从事文史、科技工作，成为名副其实的文化家族。我们不难发现，在这个大家族中，虽然有人从政，有人经营企业，但更多的周家人开始涉足学术界和文化界，并学有所长，形成了这个家族独有的特色。且在这些学者中，似乎有一个倾向：学文史、自然科学和基础科学的人较多，学工科的也有一些，但学经济的几乎没有。可以说，东至周氏家族人才之众，涉及领域之广，真正实现了中国人“家学渊源”“代有人出”的传统理想。也难怪有人赞叹，周馥的子孙后代，足以办出一所一流大学。

100多年来，从周馥开始，安徽东至周氏家族在风雨飘摇中，历经沧桑，却没有一人走入歧途；相反，绝大部分周家人在文化学术界大放异彩、成绩斐然，在各自领域为国家做出了应有的贡献。周馥家族跨越百年而不衰，远远超越了“富不过三代”的魔咒，究其原因，周家的家训家风发挥着不可替代的作用。

作为东至周氏家族枝繁叶茂的奠基人，周馥为训诫子孙而作的《负暄闲语》功不可没。《负暄闲语》分别从读书、处事、待人、治家、延师、婚娶、卜葬、祖训、鬼神等12个方面，在子孙后代的成长过程中起到了重要的精神指导作用。

周氏家风注重培养道德，重视读书教育，主张力勤正业，崇尚节约朴素，百年来家族长盛不衰，人才之众令人敬仰。中纪委网站曾于2017年推出《中国传统的家规》专栏，点名称赞安徽东至周家是“六世书香，百年家风”。

第一章

周氏家族的起源

第一节　周姓由来

一、周氏起源

周氏自周室衰微，至子男君之后，始以周为姓，分居各省，莫纪其数。（《负暄闲语》）

“赵钱孙李，周吴郑王”，在《百家姓》中，“周”排在第五位。周姓是一个历史悠久、姓源复杂的姓氏，历史可以上溯至远古黄帝时代。据记载，周姓的来源主要有以下四种：

（一）出自周昌、周任之后

周姓的最早出现，可以追溯到远古的黄帝轩辕氏。据《姓氏考略》所载，相传黄帝时有一位叫周昌的大将，至商代又有一名叫周任的太史，这两个人的后代都以周为姓。

（二）源于姬姓

这是周姓的主要来源。“周氏自周室衰微，至子男君之后，始以周为姓，分居各省，莫纪其数。”具体来说，周姓主要起源于春秋战国时期。周始祖后稷，是黄帝的玄孙，并不姓周，而是姓姬。周公东征胜利后，大规模分封诸侯，其中姬姓封国有73个，均以周文王为始祖。这些姬姓国的后裔大多改以国名、地名及祖父名号为姓氏。西周建立之后，周文王姬昌的四子姬旦，其后人世袭周公爵位。到春秋时，周桓公因谋反被杀，周公世系爵位被废，其后人以周为姓。公元前256年，周被秦所灭，其中有相当一部分周氏子孙及周朝遗民以周为姓。所以，周姓可以以周文王或者周公为得姓始祖。如周平王少子姬烈之后，这一支通常被认为是我国周姓来源的主要部分；另一支是周赧王的大部分后裔和周公旦之后。此外，还有周赧王的少部分沿用姬姓的后裔，在唐代先天、开元年间，因避讳唐玄宗李隆基之名改姬姓为周姓。

（三）出自少数民族改为周姓

一是南北朝时，北魏献帝的第二个哥哥，原姓普，后改姓周。《魏书·官氏志》记载：“献帝以兄为纥骨氏，后改为胡氏。次兄为普氏，后改为周氏。”献帝时，把北魏拓跋氏分为七份，以七兄弟分统率之。由此可知，拓跋氏改姓周氏的，不只献文帝的次兄一人，还有次兄统率的那一部分国人。周氏，是北魏兴旺的七族之一。北魏拓跋氏改姓周氏的后代，有隋朝名将周摇（字世安，是北魏献帝次兄普乃氏的后代）。二是唐朝上元年间，少数民族有“暨佐时”的姓氏改为周姓。三是自北魏孝文帝迁都洛阳后，代北地区（今山西省东北部）的复姓贺鲁氏，改汉字单姓周氏为姓氏，贺鲁氏是由“夷”（即少数民族）变为周姓的。四是元代有喜同、术忽、哈剌歹等蒙古族人改姓周的。

（四）由其他姓氏改为周姓

一是南朝陈时，有一名将叫项猛奴，被周荟抚养改姓周，名叫周文育，子孙后以周为姓。二是五代后梁，成油的子孙改姓周。三是唐末荆南节度使成讷，他是淮西人，本姓成，并不姓周，但他死后，被梁太祖朱温赐姓周。四是元朝时期，有一位叫苏卓周的人改姓周，后裔以周为姓。五是明代江苏吴县（今江苏苏州）人吴健，7岁时家贫卖身同县周姓一家，其子孙也改姓周。六是元朝末年，福建泉州苏姓改姓周。唐朝末年，有个福建人叫苏益，定居同安，子孙昌盛，成为南方大族之一。苏益的六世孙居住在福建泉州卓源乡新康里，因遭粮累，财产没官，族人还受元朝官军围剿，各自逃难，其侄苏可安改姓周。自此以后，这支周氏族人繁衍，并迁移至台湾新竹县。七是清朝初年，明朝长沙藩王吉王的子孙改姓周。明朝第一代吉王朱见浚，为明英宗第七子，明成化十三年（1477年）就藩长沙。第四代称为吉端王，吉端王的嫡子袭封，死后无嗣，吉端二子又袭封。明朝亡后，袭封的吉王逃往广东，死于缅甸。吉端王的第三子朱翊铤，封长沙郡王。朱翊铤的庶子朱万世，在明亡后，逃往宁乡周家，为避祸，改姓周，其子孙一直姓周。

二、周氏郡望

据《广韵》载，周氏八大郡望是汝南、沛郡、陈留、浔阳、临川、庐江、泰山、河南。除此之外，周氏还有华阴郡、江陵郡、长安郡、昭州郡等。

汝郡：汉时置郡。汉以后分出临汝、陈留、河间、河东4个郡。此支周氏为周平王少子姬烈的后代，其开基始祖为周平王少子姬烈第十八代孙周邕。此支人口众多，有“汝南周氏遍天下”之说。

沛郡：汉时置郡。此支周氏，其开基始祖为汉代汾阴侯周昌，部分族人于秦代迁往沛郡，成为当地著姓。汉代周昌、周勃、周亚夫即属此支。

陈留郡：西汉时置郡。此支周氏为汉代周仁之后，其开基始祖为晋代的周震。

河南郡：秦代的三川郡，汉代改名河南郡，治所在今河南省洛阳市。河南周氏出自鲜卑拓跋氏，开基始祖为周摇。这支周姓人中有右千牛将军周虔智及其子周思亮、周思敬等人。

三、周氏堂号

堂号是指旧时一户人家的称号，包括郡望总堂号和自立堂号。堂号大致有三个作用：牢记祖先的郡望、彰扬祖先的功业道德、训诫子弟继承发扬先祖之余烈。历史上的名门望族大多有本家族的堂号，当地的老百姓谈论起某一家族时，通常以“某某堂”来称呼。这里主要介绍周氏两个堂号——“细柳堂”和“爱莲堂”。

（一）细柳堂

汉文帝六年（公元前8年）冬，匈奴6万兵马侵犯汉朝。文帝命周亚夫驻兵细柳。几日后，文帝御驾前往慰劳官兵。走进细柳军营，只见甲兵森严，官兵个个持刀执戟，张弓挟箭，如临大敌。当令门岗传报，说是车驾到来。营兵却直挺挺地站着，一丝不动，并喝令车驾停住，说：“军中闻将令，不闻天子令！”文帝亲自来到营门，又被哨兵拦住，文帝只好交出天子的符节，让哨兵进帐回报。亚夫验了证件，才下令开门放入车驾，并嘱咐：“营内不准跑马。”车驾和随从骑兵只好按辔徐行。进入营门，亚夫才不慌不忙地出帐迎接，文帝慰问后，一出营门，兵士仍关上营门，严整如故。文帝回头看了看，高兴地说：“这才是真将军呀！像亚夫这样的将军，和他练的兵，才使敌人无缝可钻呀！”因周亚夫驻守细柳，后称“细柳堂”。

（二）爱莲堂

北宋著名哲学家周敦颐，一生清正廉洁，最爱莲花。他曾作《爱莲说》，把莲花比成君子，十分推崇莲花“出淤泥而不染，濯清涟而不妖”的品质。因周敦颐爱莲如此，其后裔堂号便取“爱莲堂”，以此来纪念他。

除此之外，各地周氏自立的堂号还有很多，如“世德、亦政、诵芬、清白、继述、绍濂、世善、大本、承志、景濂、雍睦、惇叙、忠厚、敬爱、集贤、水思、承思、濂溪、敦稼、孝思、叙伦、笃祜、敦睦、水兴等”（《凯碑镌文》）。

四、周氏迁徙分布

历史上，周氏一族曾经历过几次大的变迁。早期周氏主要在河南发展繁衍，居住在河南临汝的一部分周氏家族，于秦代迁往沛郡，西汉大臣周昌、周勃和名将周亚夫即属此支。东汉末年，京师遭董卓之乱，汝南安城周氏有一支迁居今安徽庐江。西晋永嘉年间，中原士族随晋室南渡，有一支周氏迁往姑熟。唐高宗总章年间，陈政、陈元光父子入闽开辟漳州，随行人员中有周姓将校，这是当时周姓入福建最早者。唐僖宗时，河南周氏族人又有随王潮、王审知入闽的。南宋大臣周必大，自称其先祖为郑州管城人。汝南周氏有一支直接迁往福建宁化石壁乡，还有一支徙居永定。从清朝康熙、乾隆年间开始，闽、粤周氏陆续有人移居台湾，后又有不少人到海外发展。

唐代元和年间，除沛国周氏、长安周氏为周赧王的后代，河南周氏为鲜卑族改姓外，大都是西汉周仁的后裔。周仁五世孙周燕，子孙繁盛，分衍出许多支脉，如周燕之子周忠因任泰山太守而在当地定居，形成泰山周氏。

总体来说，从先秦时期开始，周氏一族开始从西北地区向中原地区发展。汉时，发展到苏皖一带，并在江苏沛县附近形成名门望族。隋唐及以前，汝南、陈留、浔阳等周氏曾享誉天下。明清时期，周氏在南方有了较大发展。现如今周氏主要集中在西南及长江流域，在东北和陕甘宁等地也有密集分布。

五、建德周氏的始祖

> 余族自唐开元年间，一世祖御史中丞谘臣公访，由徽州婺源县迁居建德之秧田坂。（《周悫慎公自著年谱》）
>
> 始祖为唐初中丞公讳访，避武后乱，由徽州迁秋浦。（周学熙：《先考玉山府君行状》）

周馥在年谱中提及建德周氏家族的始祖，是唐高宗时期的御史中丞周访（字谘臣，646—719），后调任徽州刺史。天授元年（690年），武则天篡唐，为逃避武则天之乱并以示抗议，周访弃官归隐，由徽州婺源县迁居至建德秧田坂。徽州，古称歙州、新安，有一府六县，即歙县、黟县、休宁、祁门、绩溪和婺源，府治在今歙县徽城，前4个县今归安徽省黄山市，绩溪县今属安徽省宣城市，婺源县今属江西省上饶市。建德县，即今东至县，隶属于安徽省池州市。

如今当人们提起“建德”，多指浙江省杭州市的建德市，但此“建德”非彼“建德”，周氏一族所在的“建德”，前前后后经历过数次名字的更迭，今改名为东至。

第二节　诗禅周繇

周繇，江南人。咸通十三年（872年），郑昌图榜进士，调福昌县尉。家贫，生理索寞，只苦篇韵，俯有思，仰有咏，深造阃域，时号为“诗禅”。（《唐才子传·周繇》）

池州文学，自公启之。弟繁公，诗文与之齐名，……时称“至德二周”。繇公迁居纸坑山，后舍宅为寺，即今唐山寺。其山周围数里，皆名周家山。按旧谱，自一世至七世祖，又十一世祖，皆葬周家山。后裔力农，贫困，惮于远涉祭扫，山被他姓朦占，祖墓皆不知所在。然谱牒尚存，邑人犹指为周家山也。（《周悫慎公自著年谱》）

周繇（841—912），建德周氏家族的六世祖。晚唐著名诗人，皖籍历史文化名人。周繇在唐懿宗咸通十三年（872年）高中进士，诗有盛名，《全唐诗》有《为宪集》一卷。诗如警句，语藏禅机，“品则有神妙，体则有古今，才则有圣凡，时则有取舍”，有“诗禅”之誉，是“咸通十哲”之一。周繇还有个小自己4岁的弟弟，名周繁，学问深厚，品行高洁，亦以文行著，时称“至德二周”。

“咸通十哲”，又称“芳林十哲”，是活跃于晚唐宣宗至昭宗年间（847—904）的寒士诗人群体。值得注意的是，“十哲”并非十人，而是有十二人，分别是许棠、喻坦之、任涛、温宪、郑谷、李昌符、张乔、周繇、张蠙、剧燕、吴罕、李栖远。

晚唐时期的大多数文人，大都出身卑微，家境贫寒，其社会地位和人生价值日益下降，所以他们普遍志向不高，自卑、自贱、自疑时而有之，以致笔下呈现出的多是末世的面影风貌。“咸通十哲”亦是如此，他们十二人生非一地，出身也不尽相同，生活、仕宦情况也不尽一致，但都生于唐末，具有这一时代的共同特色。这12位诗人的诗歌创作，展现了唐末兵连祸结、民生哀艰的末世景象以及文人的独特境况，在当时曾享誉一时。但随着时间流逝，其中的大部分诗人与诗作已逐渐被人们淡忘。事实上，“咸通十哲”作为一代下层寒士群体，他们的诗歌艺术仍在唐诗史上占有一席之地。

周繇，字惟宪（或为宪），著《明皇梦钟馗赋》得名，为河南尉，秩满，归隐九华山，仆射王徽称其孝悌可以表俗，奏调至至德令。（明嘉靖《池州府志》）

周繇，咸通十三年进士，本县人，仆射王徽称其孝友可以表俗，奏为本县令。（《建德县志》）

周繇中了进士后，先做了校书郎，调任河南尉。乾符中（“乾符”是唐僖宗李儇的年号，共计六年，874年十一月至879年十二月。所以，“乾符中”应为877年前后），调任福昌尉。周繇任福昌县尉之际，好友杜荀鹤曾作《送福昌周繇少府归宁兼谋隐》赠予他，来表达对好友马上要离开的不舍之情及对好友未来的美好祝愿。

送福昌周繇少府归宁兼谋隐

少见古人无远虑，如君真得古人情。

登科作尉官虽小，避世安亲禄已荣。

一路水云生隐思，几山猿鸟认吟声。

知君未作终焉计，要著文章待太平。

周繇在黄巢起义后，曾归隐九华山。中和中（“中和”亦为李儇年号，约882年前后），尚书右仆射王徽极其欣赏周繇，称其孝悌可以作为众人的表率，便上奏僖宗，让周繇做了至德的县令。李昭象（池州刺史李方玄之子）还作了首诗送给他，诗中称周繇“投文得仕而今少，佩印还家古所荣”，对其现在的成就表达了由衷的赞美之情。

之后，周繇曾做过襄阳徐商的幕府，后又检校御史中丞[①]，这是周繇一生中做过的最大的官了。

据史志所载，池州在唐早期，名士少出，唐高宗时代的“北门学士”中，秋浦胡楚宾为佼佼者。中唐以后，随着中国经济重心开始南移，江南地区文化逐渐繁荣，池州经济与文化都得到空前的发展。晚唐时期，池州

① 唐中前期，加“检校”官职虽非正式拜授，但有事职权，相当于“代理”官职；唐中后期，“检校”官职均为散官或加官，不具有事职权，主要表达深受恩宠；安史之乱后，“检校”官职盛行，使用范围扩大，连节度使的幕府参谋都采用“检校”官职。

出现一个诗人群体，其中载入史志的本籍人有青阳名隐士费冠卿（元和二年进士）、王季文（登第年份不详），秋浦卢嗣立（咸通十三年进士）、张乔（大顺元年进士）、顾云（景福二年进士）、武瓘（登第年份不详）、殷文圭（光化元年进士），石埭杜荀鹤（顾云同榜），至德周繇（卢嗣立同榜）。黄巢起义，杜荀鹤等人开始归隐故乡池州，同时与本籍诗人多有交往，如诗人罗隐等，也在池州避乱，这才促进了“池州文学”的发展。周繇在池州与罗隐、杜荀鹤、林宽、李昭象等为诗友，相互唱和。我国文坛上的池州文学就是从这个时候兴起的。《周悫慎公全集》卷首第一册周学熙、周学渊、周学辉所作《行状》记载：“六世祖讳繇，咸通进士，与许棠、郑谷等称咸通十哲，官至御史中丞，时人称为诗禅，池州文学自公始。”由此可见，周繇与池州文学的渊源深厚，其为池州文学的兴起所做的贡献也一直为后人所称道。

> 追六世祖中丞为宪公繇，复迁本邑东门外之纸坑山。（《周悫慎公自著年谱》）

始祖周访为逃避武则天之乱，弃官后由徽州婺源迁居建德秧田坂。到周繇做了至德县县令，便把全家人迁到了县城东门外的纸坑山，周氏一族就这样在纸坑山安顿了下来。

宋朝有个武将，叫周泰星（1080—1143），是周繇的后代。宋徽宗时，以武功授振武将军。在宋金相争期间，为捍卫大宋江山，他怀才抱德，“尽忠于宋，不愧于天”，壮烈牺牲，死后葬于县南20公里的贵冲岭。

清代以来，建德周氏虽然人丁兴旺，但家族中并没有什么高官显宦。

可以说，除了周繇和这个稍有名气的周泰星，建德周氏一族就再也没有可以夸耀的祖先，家族历史上也没有很富有的记载了。

建德周氏始祖周访，为逃避武则天之乱，曾弃官归隐。六世祖周繇，在黄巢起义后，归隐九华山。周氏一族，既有道家“避世”的风范，也有儒家“天下有道则现，无道则隐”的睿智。可见，周氏一族是隐忍的，这种隐忍的品质和风气一直延续了下去。诚然，人丁兴旺却没什么高官显贵的周家人，骨子里自然也对跻身上层社会充满着期待和向往，这一切，终将在未来的某个人身上得到印证，将家族的荣光彰显于世。

第二章
周馥的一生

第一节 起素寒，无资籍

道光十七年（1837年）十一月十三日，伴随着一声啼哭，一个婴儿来到了这个世上。纸坑山的周氏一家对这个孩子尤其喜爱，取名宗培。谁也没有想到，这个孩子的到来，给未来整个家族的命运带来了天翻地覆的变化。这个孩子就是清末蜚声一时的封疆大臣——周馥。

周馥，原名周宗培，字玉成，为什么后来名字改成“馥”呢？这里面还有一个小故事。周馥青年时流亡他乡，祖父怕他不得归，改名为“复”，寓意归来。同时将字改为“玉山”，别字兰溪，是取自自家后面的玉峰山和门前的兰溪水之意，以示不忘本的意思，也透露出家人盼其归来的感情。后来，李鸿章为其手书褒奖单时，误写为“馥”字，大约是因为已经呈报皇帝，“上达天听”了，遂未再改过来。

不知从哪一代开始，周家辈分按照“国之有大文，礼乐光宗学，明良起俊贤，赞育庆咸若”排序，不过从周馥开始，后来也有很多周氏子孙并未完全依照这个“按字辈”起名的规则。

一、变穷的过程

周馥家庭并不富裕，可以说，自父母时起，家庭就不富裕甚或贫穷，所以说是“起素寒”。周馥年幼时，曾问过母亲家庭贫穷的经过，母亲便将家中的情况一五一十地告诉了他。

原来周馥家里之前亦农亦商，家庭方面也算是小康家庭，一直住在建德南门外桥西，有十几间屋子和百余亩田地，家中一直自给自足。后来，有朋友做茶生意，周馥的曾祖父周礼俗（1768—1801）为其担保，结果朋友赔了，曾祖父便用自家田产来偿还，改营商业。后来因家里的一场大火，导致家业荡然无存。碰巧当时周馥的祖父要去参加科举考试，也因家中困顿而被迫改营他业。最后一家人实在困难，便将南门桥西的屋产卖给了别人，搬到纸坑山的家族祠堂居住。过了20年，周馥的父亲才买回了曾经的房产，经修整后，一家人才有了安定的居所。

周馥的曾祖父周礼俗在朋友需要时，义无反顾地伸出援助之手，为其担保。又在朋友赔掉所有本钱后，并未追究，而是用自家田产偿还，周家人的胸怀和气度可见一斑。在这样的环境下长大的周家子孙耳濡目染，自始至终都因内心强大而对他人自然而然地生出一种体恤式的温柔。

二、长辈的影响

（一）祖父母的影响

周馥的祖父母非常疼爱他，他刚五六岁的时候，祖父周乐鸣（1785—

1865）便经常教给他一些浅俗易懂的诗歌，如“身安茅屋稳”“性定菜根香”等富含人生哲理的句子，教了大概几十首，周馥直至年老仍能记住大半。祖父不仅言传，更注重身教。周乐鸣即使到了60多岁的年纪，每晚睡前也要朗诵一篇文章；见到比自己年长者，一定起身向前数步，拱手相迎。周馥说祖父一生都没说过一句侮辱人的言语；走路途中见到荆棘瓦石，因为担心绊倒他人，便会顺手捡起；看到虫蚁从不践踏，说这也是生命。于此细微之处，足见其心地善良。与此同时，祖父对周馥的管教也非常严格，平时如果看到他有放肆的言行，一定严厉责罚。

小时候的周馥偶尔与邻居家的孩子发生争斗，祖父一定亲自向邻居道歉或者赠予食物；周馥也时常会解释说是邻居家的小孩不讲道理，一旦这样解释，祖父便会嘱咐周馥的母亲责罚他，并且告诉他：他既然不讲道理，你为什么不远离他呢？反倒与他争论起来，即使你是有理的一方，也是犯了大错。于是，周馥便不敢与邻居家的孩子过于亲近，变得越来越收敛，自小就有着不同于同龄人的成熟和稳重，这也为他一生行为处世奠定了基础。

周馥十几岁的时候，祖父常常勉励他说：“布衣暖，菜根香，诗书滋味长。”同时经常教育他，人能吃苦，自然能安守本分，自然可以励志向上。祖父还常对周馥说起自己幼时家道中落的经历，也正是因为那段苦不堪言的时光，让自己养成了低头守分、尽力做事的品性，不敢有丝毫的分外之想。祖父也经常告诫周馥：即使日后富贵，仍要吃苦做事。不吃苦的话，富贵是不能长久的。祖母也曾谈到自己幼年时吃苦耐劳，直到中年才家事渐顺，然而祖母仍愿在贫苦中平安度日，不妄求富贵，认为富贵如果不能带来平安，反倒不如贫贱。

周馥的祖父母特别看重天道轮回，坚信善有善报恶有恶报。周馥儿时常侍奉在祖父、祖母身边，有一次祖父说人们都认为报应是没有凭据的，可是看看周围各县欺辱百姓的差役，虽然都是年轻力壮，但是没有子女的却特别多，这或许是因果报应。

可见，年迈的祖父母在年幼的周馥心中，不仅教会了他吃苦耐劳的品质，更埋下了善念的种子，对后来周馥的一生影响深远。

（二）母亲的影响

母亲的教诲也使幼年的周馥深深受益。周馥自小体质较弱，母亲对他呵护有加，但对他极为严格，并不娇纵，比如规定不能接受别人给的食物，除非得到她的允许；日落后不准外出；等等。因为周家一贯的教育思想是“以诗书周光德，以勤俭植其基”，所以儿时的周馥除平时跟随祖父读书外，农忙时也上山砍柴、采茶，下地插秧、收稻，充当帮手，以劳其筋骨，培养其勤俭品德，农闲时才专心入塾读书。

母亲关于尊重客观规律和养生的教导也使周馥受益匪浅。周馥曾回忆儿时去菜园里玩耍，母亲告诉他，但凡植物生长茂盛，需要五风十雨。周馥便问：为什么要如此麻烦，多用肥料不就可以吗？母亲回答：物有所宜，如青菜刚开始生长宜浇清水，稍微长大一些便可用淡粪灌溉，等到它长壮了就可以施浓粪了，这就好比小孩子一开始喝母乳，后来喝粥，再后来吃饭菜，如果过早开始吃肉便会伤害身体。可见，人的饮食和起居需要尊重规律，植物也是这样，不能错乱。母亲说过很多这样的话语，周馥也渐渐从中悟出了很多养生的道理，以致终身受益。

（三）父亲的影响

周馥的父亲周光德（1815—1862）是个慷慨好义的人，施财助人不图回报，经常为他人排忧解难，从来没对别人发怒过。周光德少时与袁家山王某为莫逆之交，情同手足，他常为其打理油坊。王某比周光德早两年生下一子，取名玉京，待周馥出生时，取名玉成，寓意下一代也要成为好兄弟。后来王某去世后，周光德受其托付照顾玉京并照管家业。10多年后家业倍增，玉京亦有所成。待为玉京操办娶妻等一系列大事后，周光德才将其家业全部归还，自己未取一丝一毫。大家都对周光德的大义和德行深表赞叹。

其实此时的周家家境已大不如从前，但周光德依然不改这份慷慨，还经常教育周馥要仁慈，对待他人要宽容。他常说，世间之所以这么多纷争，都是因为世人喜欢责备他人而不责备自己。

父亲也经常告诫周馥要“能吃苦中苦”，他解释“吃苦”就是“粗衣淡饭，发愤读书，一日不可空过，一语不可妄发，宁人欺我，我勿欺人，如是久之，必有长进”。父亲还总是说：人如果存心不忠厚，处家不勤俭，终必衰败，大凡忠厚人家没有不勤俭持家的。

周馥在晚年曾对孙儿提起过幼时贫困吃苦的生活感受。他说：我幼年遭大乱，屡濒于死而不死，久处贫困而未饿死。周馥的这段生活经历和长辈们的教导在其头脑中留下了深刻的印迹，使他日后始终关心穷苦百姓的生活，即使位居高位，依旧体察民情、勤政爱民。

值得一提的是，周光德特别重视周馥的书法练习，他认为字既关“品性”，又关“福泽”，即使家中并不宽裕，也不惜用大价钱搜集历代书法大家的笔迹，上自钟、王，及至唐之颜、柳、度、欧，宋之苏、黄、米、蔡，元明之赵、董，以供周馥临摹。他告诫周馥，这些书法大家之所以久负盛名，都是得益于字写得好。周馥自然毫不懈怠，反复练习，终于写得一手好字，也正是这项技能，改变了周馥一生的命运。

可见，周馥一家人都对其寄予厚望，一直用诗书培其脉，通过严格的传统教育，使之学有根基；同时，也注重培养他勤奋学习和吃苦耐劳的品质，并以身作则，用行动为周馥树立了实实在在的榜样。因为周氏一家知道，只有这样，才有可能重振家族雄风。

三、11年求学历程

道光二十四年（1844年），周馥8岁，开始进入私塾学习。在13岁之前，先后师从倪晋先生、洪见田先生、郑紫若先生。晚上回家后，祖父在督促其功课后，还会讲一些有关孝悌的故事。

13岁时，周馥遇上了一位让他受益一生的好老师——王介和先生。这位袁家山的王先生与周馥的父亲周光德本是至交，他曾对周光德说：我特别怕你儿子被俗师耽误读书，不知道这孩子天赋如何，也不知道他是否有考取功名的希望。如果你愿意，可以让他见见我，我好判断一下。这正中了其父望子成龙的心愿，很开心地就同意了。果不其然，王介和先生一见到周馥便认定他必成大器，非常喜爱，待他如亲侄儿一般，关怀备至。数月后，周馥便步行至王先生家开始了新的学习。周馥曾在年谱中回忆起这段往事，说王先生家与自己家相距70里路，自己却因家中贫穷无马车，所以不得不步行过去，整整走了两日才到，腿和脚都走得僵掉了，养了三日才痊愈。从中足以看出当时周馥的家庭情况确实一般，但也从侧面反映出他强烈的求知欲。

13岁到18岁的这六年间，周馥一直师从王介和先生。14岁时，开始能写四五百字的八股文了，王先生要求周馥每月逢三、六、九日必须作时文一篇和五言六韵诗一篇，晚餐前必须交卷。16岁时，周馥就写得一手漂亮的毛笔字，已经可以代替先生写一些祭文和书札了。周馥日后曾作诗回忆王介和先生，感慨先生“每逢暮雨常留饭，为念家贫减束脩”，可见师生情谊之深厚。17岁时，也就是咸丰三年（1853年），周馥身边发生了三件事：一是太平军自武昌东下，安庆失守；二是周馥参加了童子试，但由于战乱，仅仅试了一文便作罢；三是娶妻吴氏。

咸丰三年（1853年），周馥17岁，应县童子试。考到第二场时，便传来了太平军打来的警讯，只考了一篇文章便草草结束，考生和考官纷纷逃散。同治三年（1874年），周馥38岁，又去南京参加了一次乡试（之前已捐监生，所以可以直接参加乡试），但未考中。此后，终其一生，周馥再也没有参加过科举考试。也就是说，周馥一生都未考取任何功名。

周馥为何一生没有考取功名呢？原因有很多。首先，大概是他从小内心便瞧不上八股文。周馥在《负暄闲语》中说：“余幼时见乡塾子弟案头只有时文（八股文）数册，心窃鄙之。”这样的看法或许让周馥终其一生没有办法潜心研究八股文。其次，事务繁多，无心科举。周馥在追随李鸿章之后，各种各样的事情接踵而至，他既要处理战争问题，又要参与城市建设，既要进行海防建设，又要治水，就更没有时间再去潜心钻研八股文了。考取功名并非易事，每个人都要全力以赴去钻研八股文，以致不能认真研究儒家经典，而周馥读书讲究身体力行，他思想开阔，喜爱阅读圣贤经典，自然不愿牺牲阅读经典的时间，去做一些追求名利的事情。

终生没有功名的他不免常常被人看不起，但并非所有人都如此。一些思想先进、眼界开阔的人，能够客观地去看待这些问题，如周馥去世后，饶汉祥的挽联写道："二百载储才，看书生翊赞中兴，始信科名失豪杰……"陈文权的挽联亦写道："公以宿儒起家，入参帷幄，出任封疆，勋业炳旗常，大为诗书吐气……"

虽然功名对于淡泊名利且曾身居要职的周馥来说，只是一件可有可无的小事，但毕竟处在一个科举取士的时代，在周馥内心中，也偶尔抱憾。晚年他就曾作诗曰："我少悔失学，负志颇肮脏。功名付之天，羞随人俯仰。"以此来抒发心中的憾意。

当一个人老了，回顾一生，就会发觉：那些看似平淡无奇的小事，其实都蕴含着命运的巨变。只是当时站在命运的岔路口，眼见风云千樯，却还以为那也只是生命中普通的一天。其实，命运早已埋下伏笔，如同发生在17岁的周馥身上的这几件事，成了改变周馥一生命运的推手。

四、逃难的命运

太平天国运动导致了周馥一家逃难的命运。周馥的家乡建德，居安徽和江苏的要冲，离安徽当时的省城安庆咫尺之遥，是兵家必争之地。清军和太平军都不具备绝对的优势，战争进入拉锯战，今天这边打过来，明天那边又打回去，这样来来回回，周馥一家也多次陷于战火。迫于时局，咸丰四年（1854年）八月，18岁的周馥和父母、祖父母等逃难到后河老屋棚许家住了几天。这几天，太平军攻破县城，烧杀三日，老百姓死者数千人，尸横遍野，惨不忍睹。这一年，是周馥一家逃难的开始。

19岁开始，周馥一直在本族训蒙（教幼童）。咸丰七年（1857），周馥21岁那年的秋天，太平军过境日数太多，全家已无力供应，于是举家逃到了彭泽九都等处。无奈两年后，也就是1859年，一家人在彭泽九都也不再安全，只好躲在了山路崎岖的山顶，多日没有食物吃。在这段时间，周馥曾经背着大儿子学海一路出逃，眼见山下太平军杀人劫物，所幸没有被追到。

逃难的这几年，周馥全家人在彭泽九都等地过得极为艰辛，每天都在担惊受怕，甚至白天藏身于草丛中，晚上再回家做饭。经常天不亮一家人就跑到高处，看看哪儿还没有战火，然后就去那儿避难。时常从山北逃到山南，又由山南跑到山顶，一天都吃不上饭。那时盗贼和土匪层出不穷，山外数十里都是贼人，许多当地村民组成乡兵（即民兵），拼死抵抗，一年经常作战几十次。与此同时，周馥的父亲也每日都在筹划着长久的避难之策，奈何却无路可走。祖父母和父母每天都以泪洗面，互相说着：与其全家出逃山外走散而死，不如一家人一起死在这儿。周馥每次听到家人这样说，都心如刀绞。终于在24岁时，他偷偷和妻子说：这重围之地难道还能久留吗？不逃肯定死，全家逃也都会死。我年轻力壮能吃苦耐劳，准备独自一人出山，倘若真的能找到一个避难的地方，一定想尽办法将家里的老老少少陆续搬过去。但是如果将这个想法告诉家中老人，他们肯定不忍心让我出去，你说怎么办呢？周馥的夫人吴氏思考了数日，终于对他说：事已至此，已经没其他法子了，但是也不能不告诉他们。你可以留下一封书信，强烈表达出门之意，等你出门后，我再把这封信交给他们。你放心，我会努力照顾他们的。即使得到了妻子的支持，周馥也是彷徨犹豫到深夜，甚至为自己算了三卦，结果全是吉卦，心中大为惊奇，于是决定按照计划出行。出行当天，周馥的妻子带着长子周学海和次子周学铭，一直将周馥送到山外半里，还一再叮嘱周馥说：生当再见，死了我们就在地下相逢。

可以说，周馥此番出山，改变了他及整个建德周氏家族的命运。出山后，他曾在东流县祝姓营官处帮办文案，五月又来到枞阳石堡，十一月碰巧赶上了太平军陈玉成攻打枞阳，周馥与枞阳的士兵共同守御，不曾退缩。十二月，周馥的父亲来信说祖父母十分盼望他回家，所以周馥便请假回到家中。

1861年过年之后，周馥便同家人商量：九都太危险了，如果一直在这儿，怕是必死无疑，不如我们一起去找个避难之地吧！对于周馥的这个想法，他的父亲是同意的，但祖父母却一直有顾虑，他们认为如果能找到这个避难之所固然很好，但的确是不好找，自己年纪也大了，不如就让家中年轻力壮的先逃，这样也能保住命脉。于是，一出正月，周馥又被迫出来了，终于在十月的时候到达了安庆。十一月，因为字写得出众，被李鸿章招致办文案，从此走上了或官或幕的道

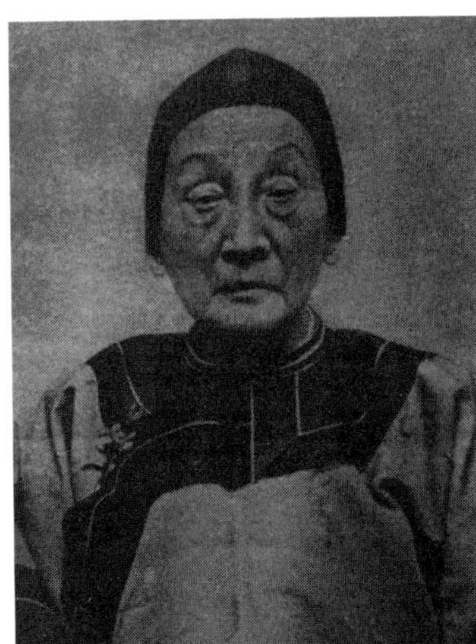

周馥夫人吴氏

路。但是，周馥全家的苦难并没有因此结束。

是年十一月，周馥接到书信，得知祖母死在了彭泽九都；第二年即同治元年（1862年）十一月，又接到书信得知父亲去世，于是周馥回到九都，和全家人一起把祖母和父亲的遗体运回了家乡建德，安葬在纸坑山，一家人也顺便在纸坑山住下，但是苦难还在继续。同治二年（1863年）二月，正当周馥去往上海、路经安庆的途中，忽然听到太平军10多万人聚集在沧州一带，准备向西行进（不远便是建德），就赶忙请人连夜赶回建德，把祖父及全家人接了出来，一直走了半个多月，才到安庆。当全家老少渡江刚到长江北岸时，望见南岸已是烧杀掳掠、哭声震天了。在祖父还未到达安庆时，周馥已经在去上海销假的路上了，于是便托了一个姓洪的亲戚在西门外租了地方，修建了几间草屋，暂时居住，周馥也时常从上海寄钱回来接济家用。至此，周馥全家才彻底结束了近九年的可以说是九死一生的漂泊逃难生活。周馥曾在《周悫慎公自著年谱》（以下简称《年谱》）中说："此我家十余年来逃难之末次也。"

就这样，从1854年到1860年，被"逼"了七年，到最后，因为怕断子绝孙、香火无人继承，周馥才出山。为什么熬了这么久才最终决定出山呢？大概是因为周馥"起素寒，无资籍"。自周馥的曾祖父母、祖父母、父母时起，周家都是不富裕甚至是贫穷的。所以说周馥是"起素寒"，就是从贫寒起家；"无资籍"，就是说他没什么有地位和有势力的人可以依靠。处在这样境地，如果不是战争逼他出来，非常有可能在乡下某处做个教书先生，终老于故乡。没有足够的盘缠，没有人可以投靠，所以直到1860年，周馥才选择出来，中间磕磕绊绊，年末再次回到家中，并于1861

年二月再次离家，直到十一月才被李鸿章招纳幕中，这期间的八九个月都在漂泊，没有找到可以投靠的目标。逃难的这一系列经历，对周馥的一生影响深远，让他终其一生都保持着较为朴素的思想，即使后来做了大官，也没有脱掉某些以清高标榜的官僚眼里的这种“土气”和“朴实”。

第二节　风雨龙门四十年

一、初遇李鸿章

逃难出来的周馥一开始也是郁郁不得志的，他在安庆摆过地摊，做一些代人写信、写春联的活。这样看来，周馥这个落魄文人也算是个江湖出身了。都说时势造英雄，尽管身处战乱时期，却也因为这个，他遇见了生命中的贵人。因为此时，身为曾国藩幕僚的李鸿章驻守在安庆，正在招兵买马，受命组织淮军，准备收天下英才为己用，然后远征上海。

周馥有个同乡，碰巧在淮军的伙房中当伙夫，周馥便通过这个同乡认识了伙房的采办。这个采办识字不多，见周馥有学识，便请周馥代为记账。恰巧有一天，赶上李鸿章查阅账簿，只见账本上的字娟秀大气，一看就不是出自小市民之手。李鸿章便把这个采办找来问明了情况，查明缘由后，周馥就进了李鸿章的幕下。毕竟正是用人之际，这样的遗珠之才自然不能错过。那时候的李鸿章也不曾想到，这个字写得漂亮、他第一眼就很欣赏的25岁青年，将会终其一生追随他，成为他一生的好帮手。周馥也未曾料到，从小被训练写得一手好字的自己，竟这样做了官，而且越做越大，改变了自己和整个建德周氏的命运。

周馥进入李鸿章幕中不久便被破格提升为“总文案”，这是咸丰十一年（1861年）的事情。之后周馥一直追随李鸿章，开始了“风雨龙门四十年”的征程，直至光绪二十七年（1901年）九月二十七日李鸿章去世。

同治元年（1862年），李鸿章在安庆北外驻营，周馥入营办文牍（处理公文书信的职务）。同治三年（1864年）三月，李鸿章督师自苏州攻打常州太平军，委托周馥随军保护巡抚大印。在激烈的战斗中，周馥乘坐小船始终紧随在李鸿章的大船后面，从未贻误过战机。有次在青旸镇俘获了上千太平军，李鸿章便命令周馥帮他杀掉一半，因为在那个年代，杀掉俘虏是惯例，只杀一半已是格外开恩。

周馥领命后，想到这些战俘也上有老下有小，而且也都是投降的，杀戮对于他们来说，实在是太残酷。于是连夜找来十多个剃头匠，备好热水，提审俘虏，只杀掉了起自广西的老太平军及清兵投降过去的30余人。对其余1000多人，立即剃头（头发是关乎是不是大清子民的重要标志），每人发了一斗粮米后遣散了。这显然违背了李鸿章的嘱咐和命令，但周馥仍然按照自己认为正确的去做，可见周馥是一个有自己原则的人，而不是一味逢迎上级。

同治元年（1862年）至同治三年（1864年），周馥一直跟随李鸿章和太平军作战，最后攻克常州，收复南京。

二、在金陵的日子

同治四年（1865年），清军已经攻入南京半年，李鸿章署（“署”为代理之意，之后在谈及周馥做两江总督时将作说明）两江总督，周馥随至南京。李鸿章以淮军有功为由，保举将士，周馥被保升为知县（前一年已被保举为县丞）。紧接着又以“克复江苏、省垣功保奏，奉旨以直隶知州留于江苏候补”。

同治五年（1866年），周馥被李鸿章指派了一个差事，这个差事他一干就是3年多，这就是“襄办金陵善后工程事”。金陵善后工程局，其实就是重新建设南京的工作。同治六年（1867年），在南京约两年之后，清廷调曾国藩任两江总督，而派李鸿章去攻打捻军。这时因为周馥手头还有工作没有完成，便没有同李鸿章前去，两人大约分开了3年多。至此，周馥已经追随李鸿章9年，其中随军约3年，在南京约6年。此后，他便开始了随李鸿章进行北洋建设24年的漫长历程。

三、迈向权力中枢

> 鸿章之督畿辅也，先后垂三十年。创立海军，自东三省、山东诸要塞，皆属焉。用西法制造械器、轮电、路矿，万端并举，尤加意海陆军学校。北洋新政，称盛一时，馥赞画为多。（《清史稿》）

> 查该道周馥，才识宏远，沈毅有为，能胜艰巨，历年随臣筹办军务、洋务、海防，力顾大局，劳怨不辞，并熟悉沿海情形，堪资

倚任。（李鸿章）

同治十年（1871年）十月，周馥从南京调到直隶（今河北省），直至光绪二十一年（1895年）为止，共计24年，先任候补道（1871—1881）近10年，再任津海关道（1881—1888）8年，再以后是任直隶按察使（1888—1895）7年左右。围绕着北洋海防建设这个中心任务，周馥在任上述官职时，作为李鸿章极为信任和重视的助手和参谋，固然要做好李鸿章安排的工作，同时仍有很多其他工作要做。所以，周馥在这段时期，工作内容极为繁杂。正因为周馥常穿梭于几项工作之间，所以下面分为三条线索去叙述这段历史，第一条是沿着官职的进阶，第二条是有关北洋海防建设的贡献，第三条便是治水。

（一）官职的进阶

第一阶段：候补道

李相国由湖广总督调督直隶，函招赴津面商公事。三月，航海北行。抵天津，李相国遂援曾公督直时奏调十贤员之例，奏保余留直补用。

是年，会同长芦运司如山冠九、津海关道黎召民兆棠、天津道刘崑圃秉琳，办理海防支应局。（《周悫慎公自著年谱》）

周馥一来到直隶，便做了九年左右的候补道（清制道员为捐官条例中所规定的最高一级，但道员实缺有限，捐纳道员一般无缺可补，仅能得到差委。此种道员称为候补道，并不是实任官职）。其中最后三年因为母丧回乡守制，所以实际上只做了五六年。一般候补道没有具体的工作岗位，也没有薪金，只是闲着候差。但当时李鸿章刚刚升为直隶总督，就立刻把周馥从南京调来，各种各样的事情都需要周馥出主意和帮忙，只是苦于暂时没有合适的官职给他，再加上此时周馥并没有立下什么功劳，所以只能暂时给他候补道的差事。当然，周馥来到直隶，也绝不是为了闲着等官做，他来就是为了帮助李鸿章的。光绪元年（1875年），朝廷才正式下令建设海防，命令各地拨款，同年便建立了海防支应局，并命周馥办理。从同治十年（1871年）到同治十三年（1874年）这四年，是李鸿章北洋建设的酝酿和筹备阶段，虽然没什么实际行动的记载，但筹划活动绝不会少，且一定详细具体。作为李鸿章的高级幕僚，周馥也在背后起了不可替代的推手作用。除此之外，在这一时期，周馥治水也渐渐有了名气，光绪三年（1877年）三月至五月，周馥还署永定河道，后又卸任，继续会办海防支应局。

第二阶段：津海关道

六月，委署津海关道。奉李相国奏保，钦奏谕旨，补授津海关道。创设津海关道缺时，奏明由北洋大臣保奏，请旨简授，兼北洋行营翼长。前任视翼长若兼衔，无所事事，余以从淮军久，与诸将士浃洽，凡营务、海防，皆时为商助，使上意下宣，下情上达。（《周悫慎公自著年谱》）

光绪七年（1881年）到光绪十四年（1888年），周馥又做了八年的津海关道，若以职务划分，这是周馥在北洋的第二个阶段。光绪七年（1881年）六月，周馥被委署津海关道。光绪八年（1882年），由李鸿章奏保，奉旨补授周馥津海关道。津海关道一职所管，不局限今日的海关所管，还有相当大的外交权限，周馥曾在《年谱》中提及，“别设津海关道一缺，办理交涉事件”。

津海关道是类似于在北洋大臣之下具体出主意和办事的秘书长一类的职务，许多外事、海关等其他事务都要津海关道出主意，有些对外关系也可以由津海关道直接去谈判。周馥在任津海关道期间，也处理了一些外交事务。在交涉中，他一直坚持原则，总结自己“生平虑事周密，遇外交事尤慎，鲜为人所持，独是，了前人未结之案，殊费心力，未尝归过前人也”。同时，周馥还照例简授兼北洋行营翼长，当然他也最适合这个职务，因为他自淮军创建就跟着李鸿章，各将领与他熟悉得很，也自然不会在周馥面前摆出老资格；同时他对军情极为了解，也能提出合理的建议。

除对外交涉之外，津海关道的职责还是很宽泛的，周馥也在这样的岗位上做了很多事情。据《年谱》记载，周馥主要做了以下几件大事：

1.光绪八年（1882年），通缉海盗，南至福建，北至奉天。

2.光绪九年（1883年），创建天津工程局，专办修路、浚沟、掩胔等事。

3.光绪十年（1884年），会办电报官局，创建北塘至山海关电线。

4.光绪十二年（1886年），建立集贤书院和外文学校博文书院。

5.光绪十二年（1886年），建胥各庄至阎庄运煤铁路，这是中国商办铁路的开始。

通过这些事情，我们可以看出津海关道的职责之宽，大到建立工程局、电报局、学校等，小到通缉海盗，津海关道都沾边。周馥在任职期间，不仅办事认真务实，而且也敢于承担风险。例如，在修建胥各庄至阎庄的运煤铁路时，因为保守派的一系列反对，李鸿章并没有上奏朝廷，也没有行文到部，周馥只是在禀报李鸿章后就建了。如果朝廷追究，只能怪到周馥头上，所以大家都在为他担忧，但周馥却说自己"持理正"，可见周馥是一个敢于承担风险的好官，也正因为这样，中国才有了第一条商办铁路。

同时，周馥是一个慷慨大方、有善心的人。据《年谱》记载，仅在任职津海关道的8年里，周馥就先后捐款55600两（修建由天津城东接至租界官路，捐银10000两；助本邑研经书院膏火，捐银10000两；助建复圣庙，捐银10000两；建立集贤书院，捐银2600两；建博文书院，捐银3000两；买东三省枪炮，捐银20000两）。周馥一生虽极为清廉俭朴，却一直坚守着内心的这份善念，这与其祖父母和父母的教育密不可分，无形中也对后代产生了影响。

第三阶段：直隶按察使

光绪十四年（1888年）三月二十九日，周馥奉旨补授直隶按察使（实际因请假回籍省墓，直到十二月十三日才接印）。按察使的职责比较简单，主要任务是赴各道巡察，考核吏治，主管一省范围内的刑法之事，相当于现代的省级公、检、法机关，不像当年任津海关道时那么复杂。

直至光绪二十一年（1895年）三月，周馥任直隶按察使共6年3个月，而在其《年谱》中记载的事务并不多，只在光绪十五年（1889年，任职第二年）记录了三段，包括处理各种命案、盗窃案等，还有制定了隔境缉匪章程等。可见按察使的职权和责任不过如此，周馥完全可以胜任，并不会占据他很大的精力。但是周馥的工作远不止只有按察使的职责，他升任按察使，不过是按照惯例的提升路线，并不是按察使的工作需要一个这样的人去做。周馥真正要从事的，一直都是北洋海防建设，甚至在治水方面，周馥也是极为突出的。这六年多里，周馥从事的北洋海防建设和治水工作，远多于按察使本职工作。

（二）北洋海防建设

> 文忠（李鸿章）督畿辅三十年，创兴海军，设机器局、电报局，开天津商埠，凿取煤井、金矿，造轮舟、铁轨利交通，尤加意海陆军学校，公（周馥）无所不与其役。（摘自马永昶为周馥所作碑文）

光绪元年（1875年），清廷正式下令办现代海军，并拨款大量经费，由李鸿章着手建设。同年，周馥被委任为海防支应局会办。可见，持续了20年左右的北洋海防建设，周馥是从一开始就参加了的。

北洋海防建设的核心项目，大体有三个方面，即配置军舰、建设军港炮台、培训海军官兵。随之而来的工作有创办军事学校、修铁路、建医院等。周馥参加了绝大多数项目，有些甚至亲自筹划，主要包括以下几部分：

1.负责办理海防支应局。海防支应局是一种非正式的财务机构，主要负责收集各方拨款，支付海防各项建设的一个单位。光绪元年开始创办，基本由周馥全权办理。其间，周馥因母亲去世，回乡守制三年（1878—1889）。光绪七年（1881年）回到天津后，又立即再次被李鸿章委派去会办海防支应局，可见海防支应局多么重要，也从侧面反映出周馥的能力和李鸿章对他的信任。

2.全面掌握并负责汇报渤海各港口的防务情况。光绪十年（1884

年），正值中法战争期间，沿海出于戒严状态，周馥被委派到各海口查看民船情况，以备不时之需。同时，他画出了大沽、北塘、山海关、旅顺口各炮台的图式，并上报朝廷。

3.总理北洋沿海前敌水陆营务处，兼办理旅顺船坞工程。光绪十三年（1887年）三月，周馥卸署长芦盐运使后，被李鸿章委派总理北洋沿海前敌水陆营务局，并兼办旅顺船坞工程。因为要兼办旅顺船坞工程，周馥于同年四月先到旅顺，又到威海卫、大连两处，同当地官员会商设防事宜。因周馥是李鸿章的得力助手，很多事情都由他负责。五月初又回大沽，前往北塘、芦台、唐山等处料理铁路工程，六月返回旅顺。八月，又来到北塘、芦台等地。可见周馥要处理的事情实在太多，却也可以见缝插针，把工作安排得有条不紊。

4.负责安排醇亲王巡阅北洋。光绪十二年（1886年），醇亲王巡阅北洋，这在当时是一件大事。当时身为津海关道的周馥全程陪同，负责迎送、食宿、阅操和议防等事项。

5.随同李鸿章检阅水师。《年谱》中记载了两次周馥随同李鸿章检阅海军的经历。第一次是光绪十四年（1888年）三月，跟随李鸿章前往旅顺、大连湾、威海卫各处检阅水师；第二次是光绪十七年（1891年）四月，在天津陪同李鸿章检阅水师。

6.襄订北洋海军章程。光绪十四年四月，周馥会同海军统领丁汝昌、记名总兵林泰曾、候补道罗丰禄等议定北洋海军章程。六月进京后，奉海军衙门奏留襄订北洋海军章程，还被醇亲王屡次接见，讨论并最终确定北洋章程。

7.创办天津武备学堂。光绪十一年（1885年）正月，李鸿章委办天津武备学堂，周馥自然是其最大帮手。不仅代拟了李鸿章奏报创办武备学堂的奏折，学堂的购地、建设、聘请老师等事宜也都由周馥操办，周馥同时手订了一切考课奖赏章程。这是造福后代的大事，周馥十分用心，出钱出力。他不负所望，后来学堂也成就了不少人物，如冯国璋、段祺瑞、吴佩孚等。

天津武备学堂

8.扩建天津机器局。天津机器局是中国北方第一个官办军事工业，最初于同治六年（1867年）由三大通商大臣崇厚筹办，筹办了三四年，耗费巨资，却仍仅是个没什么成就的厂子，连火药都生产不出来。同治九年（1870年），李鸿章调任直隶总督兼北洋大臣，并接管了天津机器局。光绪七年（1881年），周馥奉李鸿章之命，扩充天津机器局。可以说，这是天津机器局变大变强的开始。谢存礼曾在《周馥协助李鸿章办的几件大事》中提道："周馥奉命之后，从英国新南关机器公司购进西门子马丁炼钢法的最新炼钢设备，从葛来可力夫蒿尔厂购进了化铜炉，从格力法场购进了水力压钢机、七吨起重机和新式车床，聘请了炼钢、熔钢方面的技师，第二年下半年即开始投入生产。至此，天津机器局已成为一座包括机器制造、火药、金属冶炼、铸造、热加工、船舶修理与制造的军工企业厂，常年雇用的工人有3000多名。周馥在扩建机器局期间还新建了棉花药厂，仿制西方棉花火药，新建了造钱厂和子弹厂，日产子弹从建厂初期的不足2500粒增至10000粒。”

（三）一生治水

养民之政，莫大乎治河。吾往佐文忠，亲历山东勘河道，即思殚诚瘁力，澹厥沈灾。巨帑未集，吾谋辄罢。今来兹土，誓竭吾怀，愿诸君助我。（周学熙等《先考玉山府君行状》）

周馥的治水成就并不仅仅体现在北洋时期，可以说，他一生都在治水。

同治十年（1871年），李鸿章调任直隶总督兼北洋大臣后，周馥也随行至天津，以道员留直隶补用，也就是这一年的六月，赶上了直隶发生水灾。八月，周馥会同永定河道李朝仪等人，帮助治水。周馥这一次治理的河流是永定河，虽然现在永定河非常温顺，但它之前可是出了名的“狂暴”。永定河原名无定河，经常泛滥成灾，威胁周围地区的安全。

周馥在观察地形水势之后，提出了独到的见解。天津处于九河下梢，宜泄，因此他提议在海河上游另辟减河，以泄水势，并在下游屯田，收变害之利为功效，并修复永定河金门闸减水石坝。其实周馥根本没有专门学过什么水利知识，但他可以将自然和社会的道理领会透彻，继而准确地指出问题所在并提出解决措施，可谓是天赋异禀、无师自通。

起初，朝廷并不看好周馥的建议，没有批准。直到光绪元年（1875年），李鸿章派淮军将领周盛传率领7000人马为防守大沽炮台，驻扎小站时，周馥的治水方案才被重视。周盛传采用了周馥的意见，开挖兴济减河，灌溉小站，垦荒种稻共计13万亩。小站地区原先是盐碱之地，20年来，驻军曾经三次引水，灌溉田亩，最终成效显著，培育出了享誉天下的小站稻。小站人民常说，没有老盛军（周盛传领导的军队），就没有小站稻。其实，这背后有周馥的功劳，甚至可以说是不可磨灭的功劳。

小站地区是周馥治水的开始，从此他便声名远扬。其实，周馥治水的更大功绩还在治理黄河。黄河河道在历史记载中有六次大迁徙。在咸丰六年（1856年）以前，黄河之水流到河南之后，便会借助淮河河道南流至黄海入海。咸丰六年（1856年）时，黄河在开封以东的铜瓦厢决口，水流经山东至利津流入渤海。决口之后，势必面临很多问题。对于如何处理这些问题，山东巡抚丁宝桢和东河总督乔松年有着不同的意见。丁宝桢认为应使黄河回归“徐淮河道”，从淮海入海。而乔松年并不认同，他认为这条河道已经久淤难复了，坚持让黄河从山东入海。朝廷也不知该听从谁的意见，便于同治十二年（1873年），将这个难题交给了李鸿章。

早前李鸿章虽多次往返黄河，但都是征战捻军，他不熟悉水利，不知道这份特殊的奏折该怎样写，便向周馥讨教。周馥认为这不是坐而论道的事情，必须亲临现场，考察地形和水利。于是受李鸿章之托，周馥乘帆船由天津大沽出发，到山东利津黄河入海口，逆流而上，直到河南铜瓦厢黄河决口处查勘情况，再查勘黄河故道情况。然后，周馥又由卫辉南下，经朝城、张秋、济宁、汶上等地，查勘运河一带的情况。最后，周馥于七月回到天津，向李鸿章提出了他的结论：淮徐故道久淤，黄河只能顺山东河道入海。然后他替李鸿章拟就“黄河不能南行”的奏折，力陈黄河不可改道的理由，可谓有理有据。最后，清廷采用了这个建议。所以，我们现在看到的黄河，是从山东汇入渤海的。由此可见，周馥非常明白实践出真知的道理，也从一而终地去贯彻。

上文提及周馥的治水成就不仅仅局限于北洋新政时期，一生治水的他在任山东巡抚期间（1902—1904），也多次治理黄河。周馥以疏导为主，对阻碍河水流畅地区的人民，为其择地搬迁。从此，黄河减少了人患，并在河口冲积出大片平原。

周馥不仅先后对永定河、黄河等进行治理，而且提出了系统的治水方案，形成了全面的治水思想，所以声名远扬，屡有成效，这和他做事认真、肯下功夫是分不开的。他每次治水必先亲自考察地势地形、水情大小等，然后准确指出问题所在，可谓一针见血。

可以说，北洋时期的这20多年，是周馥一生的亮点。这一时期，不是他官做得最大的时期，但却足以照亮他的一生。周馥作为李鸿章进行北洋洋务建设的主要助手和重要参谋，自始至终全面参与了没落的大清帝国为反抗帝国主义欺压的自强运动——北洋海防建设。在这场大规模的建设中，周馥始终掌握各种形势，参与了全面的规划和领导，克服了种种困难，充分发挥了自己的才干。如果说李鸿章是洋务运动的倡导者，那么周馥可称为洋务运动的执行者。更为可贵的是，周馥对北洋的成绩和实力的认识始终是清醒的，对朝廷现状的认识也是始终清醒。他总是能够及时地发现问题，并向李鸿章反映和分析，提出解决方案，总是希望事先做出准备，让局面尽可能地向好的方向发展。但事与愿违，甲午一战，北洋海军全军覆没，海防建设功亏一篑，国家割地赔款，李鸿章受谤于天下，经营了34年的淮系全面瓦解。周馥也备受打击，在愤愤不平中写下了《感愤五首》，来表露自己的心境。

感愤五首

岂真气数力难为，可叹人谋着着迟。
自古师和方克敌，何堪病急始求医。
西邻漫恃和戎策，东海宁逢洗辱时。
蠢尔岛夷何负汝，茫茫天道意难知。

敢道亡羊始补牢，是谁升木自教猱。
六州铸铁无斯错，万口铄金安所逃。
东国缙绅余涕泪，中原杼柚亦忧劳。
可怜老马空皮骨，输挽从登九折高。

十载经营瞥眼空，敢言掣肘怨诸公。
独支大厦谈何易，未和阳春曲已终。
好固藩篱留北道，深防雀鼠启西戎。
贤王远略心如见，雪涕陪陵墓木风。

悬军深入海天孤，弃险凭城更失图。
千里士难尊帅令，十年彼已读阴符。

市人驱战同心少，骇竖成功自古无。
叹息国殇沦异域，春来南亩半荒芜。

冰天雪地困短车，筐床清泪梦醒馀。
犯颜愧少诚相感，效死宁教愤一摅。
斩佞上方难请剑，知兵黄石更无书。
澄清会有中兴日，可惜微臣鬓已输。

（四）周馥与甲午中日战争

周馥参加了甲午中日战争的全过程。

李相国谕属赴天津商议日本、朝鲜军务。二十八日晚抵津，谒相国，始知日本在牙山已击沉我运船。朝旨不待筹议遽宣战，饬北洋派兵往剿。时太后撤帘，某枢劝上独断主战，不问北洋战事如开，需兵几何，需饷几何，急饬北洋派兵往剿。（《周悫慎公自著年谱》）

光绪二十年（1894年），正当周馥治理永定河时，忽然接到电报，得知在翁同龢劝说下，光绪皇帝不顾众人意见，独断宣战并命北洋出兵。

之后，周馥抱着“明知必败而义不可辞也，余从相国久，不忍不顾，死生听之”这种“共生死”的态度协助李鸿章进行这场战事。李鸿章深知战事的险恶，所以只派遣周馥前去前敌营务处处理一些联络各路军队、了解和汇报军情并提出建议的工作。

时各军无主帅，亦乏粮械，节节败退。办转运者，若将粮送前，恐军败资敌；存后，又难依时接济，煞费经营。且天津军械稽滞不至。迨津海关道盛杏荪卸事，胡云楣燏棻廉访办粮台，始稍应手。而水路已阻，陆运太远，辽河将冻，尤难时渡。各军需马，既代买马，而又无鞍。如山东军之马价，东抚且不肯发。又天津东局所制枪弹不合用，各军不愿具领。其已领者，又欲退换。往返车辆多被各军扣留。天津运饷船至营口，见冰块忽至，惊避拔碇返津。改由陆运，两旬始到。（《周悫慎公自著年谱》）

从《年谱》中可以看出，周馥此时主要的任务是处理后勤工作，又是运送粮草，又是买马买枪弹，就够焦头烂额了，再加上时常受天气影响，情形可谓乱作一团。周馥曾在《年谱》中这样总结自己的后勤工作："军械粮的转运、采买萃于一身狼困百折，掣肘万分。然自始至终，余未尝缺乏军需一事。故战事虽败，而将官无可推诿卸过于余也。"可见周馥为此也殚精竭虑，没有一丝一毫的松懈，没有辜负李鸿章的嘱托和信任。

二十一日，接李相国电，调余回津，商办一切，至前敌运务，派慰庭即来替代云。接烟台电，威海海军提督丁汝昌、总兵刘步蟾等，又岸上统领戴孝侯宗骞、刘公岛统将张文宣，均自尽殉节，兵船全被日兵掳去。闻日兵先占岸上炮台，而以炮攻我兵船，所调援兵不至，故不守云。二十六日，聂功亭过石山站，功亭先因我举其赴台湾，后举其当统领，有感于我执礼甚恭，至是留宿邱店，拜盟为义兄弟。二十八日，宋祝帅电告，夺回盖平东北之太平山，此营口北行大路也。二十九日，姜翰卿总戎桂题电，夺回小平山。三十日，徐见农总戎邦道电，告自二十二日起，叠与依、长两帅攻海城，二十七日复大战，因敌援兵猝至，功败垂成。二月初一姜翰卿电，马玉崑守太平山，三十日被寇来袭，马几危，各军出队，毙敌千余，我军伤亡数百，仍退扎原处云云。是太平山又失守矣。初四日，慰庭观察来接办转运事。初六日，余由石山站启行入关，慰庭送我十里，怆然而别。初十日，抵山海关，谒刘岘庄制军，时岘帅奉旨督防山海关也。初，相国奏调余回直，意恐解冻后敌兵犯津沽，新授直藩陈宝箴奉旨办粮台，应驻天津，未必赴本任，欲余赴保定署直藩，以固后路。嗣陈宝箴愿赴新任，另请委员代办粮台，而相国已卸任直督，事遂中变。（《周悫慎公自著年谱》）

这段《年谱》详细记载了战争后半段的经过。光绪二十一年（1895年）正月二十一日，李鸿章担心敌人直接进攻天津大沽，威胁北京，所以电调周馥回天津“商办一切”，前敌工作由袁世凯代替。当时，新任直隶布政使陈宝箴奉旨前往天津办粮台，未必赴本任（在保定），所以李鸿章想要周馥回来署直隶布政使。但当周馥到达天津时，情况发生变化，陈宝箴不愿去天津，便担任了直隶布政使，李鸿章也被免去了直隶总督职务，所以此事便不了了之。

余进山海关时，各统领环请余勿赴任。余曰：“军务一日未平，我一日不离营，决不舍诸公他去。战事皆公等任之，饷械各事，我独任之。”诸统欢然。十二日到津谒李相国、署直督王夔石制军文韶，面禀愿办前敌营务处，且诸统将愿我住唐山，以便往来南北各营。十三日接夔帅札，委派总理北洋沿海各军营务处，即禀辞。回唐山，与聂功亭往视大沽、北塘各营。十月，从李相国出沽口赴日本马关议和。（《周悫慎公自著年谱》）

光绪二十一年（1895年）二月，大敌当前，形势紧迫，战势焦灼，战场极为混乱。周馥作为将领，本可以奉旨离开这随时可能丧命的危险境地，但他却向众人保证自己决不离去，将与大家共患难到底，可谓感人。

二十六日，在塘沽迎谒李相国，知在日本马关议和已成，赔兵费二万万两，割台湾、澎湖，并于苏州、杭州、湖北之沙市、四川之重庆添通商口岸四处，及准内地制造通行小轮船等事，消除从前《中日商约》。时和局已成，归志已决，当军务初起时，余对李相国言“事平必请开缺遂初”，至是，咳病加剧，遂申前请，而相国不便批准，王夔帅欲姑待之，亦未批准。初三、初四、初五大东风，海啸，淹太沽、北塘内地，各营粮械，颇有遗失，兵勇死数百人，百余年来未有之水灾也。初十日，复请速奏开缺。二十八日，京电，传上谕，准开缺。五月初一日，往唐山谒刘岘帅禀辞。初二日抵塘沽，聂功亭、章鼎丞、罗耀庭、张燕谋及天津保定属员裴敏中、傅世榕等饯行。初三日，坐轮船出沽口南归，时因病不能至津禀辞，因具禀牍呈李相国、王夔帅告辞。（《周悫慎公自著年谱》）

光绪二十一年（1895年）三月，周馥得知已签订《马关条约》，退隐心意已决，便向朝廷提出辞呈。至此，周馥与甲午中日战争的故事也画上了句号。

四、进退间的取舍

（一）不做官的三年

甲午战败后，周馥萌生了退隐的想法，并于光绪二十一年（1895年）四月被准奏开缺（旧时官吏因故不能留任，故免除其职务，准备另外选人充任）。这是周馥自咸丰十一年（1861年）被李鸿章招致以来，第一次萌生退隐的想法，此时他已经59岁了。

退隐的日子里，周馥过得还算闲适，或料理家事，或到处游历，俨然一副安享晚年的姿态。或许他以为自己就这样可以退出了官场，所以，光绪二十二年（1896年）元旦，周馥满60岁的时候，作了一首诗——《丙申元日》，诗中完全是一种总结平生的味道。他当时完全想不到，用不了几年还会再出山做好多年官，甚至升至督抚大员。

丙申元日

幻梦一生事，艰危百折身。
那期周甲寿，又作太平民。
举盏齐眉在，分甘绕膝亲。
韦编堪送老，斗酒待寻春。

投刺稀逢客，占年亦问神。
庭间风日暖，人静鸟乌驯。
涉世初知足，浮家易卜邻。
天涯多故友，犹愧寄书频。

（二）再度出任

周馥闲居无事的时候，朝廷中却发生了天翻地覆的政局变化。光绪皇帝酝酿着戊戌变法，维新派人士蠢蠢欲动。变法失败，光绪二十四年（1898年）八月初六，慈禧太后重新执政，又开始任用李鸿章这一波老人了。任用人员名单自然也少不了周馥，周馥虽一再拒绝，但朝廷一再召他，于是他再次出来做官。

光绪二十四年十月，周馥曾协助李鸿章治理黄河，但既不办公，也不奏调，意思就是他只出力，不做官。直到光绪二十五年八月初八，周馥奉旨简放四川布政使（从二品，掌管一省的财政、民政），并于十一月十二日在成都接印上任。周馥眼中的四川情况是："吏治疏懈，钱荒米贵。"为此，周馥采取了一系列措施，如为当地官吏开设课程，督促他们学习律文、铸造银币、储备粮食等。

光绪二十六年（1900年）六月，李鸿章调任直隶总督，自然需要周馥前去协助，很快周馥便来了。同年九月二十一日，周馥奉旨调任直隶布政使。任职期间，周馥随同奕劻、李鸿章办理和议条款事宜，总办京中及顺直教案。

光绪二十七年（1901）九月二十六日，李鸿章去世，周馥奉旨护理直隶总督兼北洋大臣。周馥"风雨龙门四十年"的征程，在这一天，画上了句号。

（三）周馥和李鸿章的关系

况李相国待我厚，我既出山，安可无端弃北而南也？丈夫出处，惟义是视，何计利害！明知必败而义不可辞也。余从相国久，

不忍不顾，死生听之。（《周悫慎公自著年谱》）

老夫荐贤满天下，独周某佐吾三十载，劳苦功高，未尝求荐拔。今吾年老，独负此君，吾其能自己乎！（李鸿章）

当年，周馥为战争所迫四处寻找出路时，为李鸿章所赏识并被招募。李鸿章极其欣赏周馥，对他有知遇之恩，周馥自然非常感激，终其一生，都在做李鸿章背后的帮手。

周馥自咸丰十一年（1861年）遇到李鸿章开始，到光绪二十七年（1901年）李鸿章去世，在这相识的40年里，周馥只有两段时间不在李鸿章身边：第一段时间是同治四年（1865年），李鸿章署两江总督，周馥襄办金陵工程局。两年后（1867年），李鸿章奉旨去打捻军，周馥以经手事未完，不得随行。此六年中约有四年（1867—1870）不在李鸿章的领导之下。第二段时间是光绪二十二年（1896年），甲午战败以后，周馥自请开缺。李鸿章虽未治罪，但正处在所谓"投闲置散"的状态，这一段约五年。但其间在光绪二十四年（1898年）李鸿章奉命勘查黄河时，又电召周馥去"襄勘黄河工程"，周馥虽只同意"作为游客勘筹办法，不办公、不奏调"，也就是只出主意不当官，但也是作为李鸿章的助手。

李鸿章处处都对周馥十分倚重。在淮军攻打常州时，李鸿章曾将巡抚大印交于周馥保管。在调任直隶总督兼北洋大臣时，李鸿章立马调任周馥前去做他的助手。如果说李鸿章是洋务运动的倡导者，那么周馥便是这场运动的执行者。

周馥这一生，自然也对李鸿章死心塌地。光绪七年（1881年），有朋友劝周馥改官江苏，周馥推辞说，李相国待他恩重如山，既然他已出山，我决不会背弃，大丈夫惟义是视，不计利害。甲午战争期间，周馥奉旨总理前敌营务处，朋友说此战必败无疑，你何必去呢？周馥则说，我跟随相国已久，不忍心不顾他，死生都要追随他。庚子议和时，李鸿章奉命和八国联军谈判，他又找到周馥做助手，这是丧权辱国的事情，不管结果如何，都会遭到谩骂，可以说，无论是谁都不愿牵涉其中。李鸿章不可忤逆圣旨，必须去，但周馥是可以拒绝的，但他还是去了，为了义气，也为了这份知遇之恩。

李鸿章临终曾感慨多年来对不起周馥，因为他从未举荐过周馥，周馥是完全凭自身实力一步一个脚印上来的。李鸿章需要这样一个有能力且可靠的人，去帮他处理各种各样的事情。周馥对李鸿章的忠诚，不仅仅体现在李鸿章得势时，更体现在李鸿章失势后。甲午一战，李鸿章的淮系全面垮台，但周馥还是对他死心塌地，甚至和他一起去谈判。这都是极为可贵的。

光绪二十七年（1901年）九月二十七日，李鸿章将死之际，眼睛依旧不能闭上，周馥痛哭说："老夫子有何心思放不下，不忍去耶？公所经手未了事，我辈可以办了，请放心去吧。"听完这番话，李鸿章才气绝。至此，这二人40年来的牵绊，结束了。

可以说，周馥是追随李鸿章时间最早、最久也是最得其信任的一个人，被人们称为"李鸿章的大管家"。也正因如此，李鸿章在临死前，也念念不忘要见周馥，听其一席话后才肯离去，可见两人的情谊之深，非常人所能比。

五、任山东巡抚的日子

光绪二十八年（1902年）四月，周馥奉旨升授山东巡抚。这一时期，社会形势已经大变，朝廷在努力推行新政，各级官员都在响应号召。一直对现代化问题有着清晰认识的周馥，自然也不例外。他在山东的这三年里，除了治理黄河、维护国家主权和利益等，还在省内全面推行新政。

前面提到过，周馥一生都在治水。在任山东巡抚期间，周馥多次亲自到河患多发地（如利津县、惠民县等）勘工，经过他多次观察、记录，最终提出并实行了稍能维持长久安宁的治河办法。治河期间，朝廷并没有批准经费，周馥本着对老百姓负责的态度，总是努力去想办法，经常自筹经费，尽最大能力去治水。

周馥任山东巡抚后，也对国家的主权和利益做出了不可小觑的贡献。光绪二十四年（1898年），清政府被迫与德国签订了《胶澳租借条约》（又名《胶澳租界条约》），租期为99年，在此期间，允许德国在山东修筑铁路和开采沿线矿产。周馥于4年后任山东巡抚，刚好面临着德国的这些种种扩张行为，为此，周馥做了3件大事：第一件，经周馥交涉后，德国人最终撤去胶济铁路两旁的驻军。第二件，撤销了德国擅自独立开发矿产的特权。第三件，在济南、周村、潍县三地自开商埠，以与德国抗衡。

在推行新政方面，周馥也做出了许多成绩。大体分为以下几个方面：

（一）教育方面

扩建高等学堂，设立师范学堂，这是山东官办教育之始；建立巡警系统，创立巡警学校，这是济南近代警政之始；创立客籍学校、武备学校、农林学校、蚕桑学校、女学堂、中学堂、小学堂等。

（二）基础设施方面

设山东农工商务局，创办各种工厂，培训工人；设立铜圆局；设立官办中西医院；兴修马路。

（三）通信方面

建立防河电报系统，在济南安设电话，创办济南最早的期刊。

（四）农业方面

引进先进技术，推行农业改良；创办山东农事试验场，引进蔬菜、树木等新品种。

约1902年，周馥时任山东巡抚，拍摄于青岛

六、署两江总督的日子

光绪三十年（1904年）九月，周馥奉旨署两江总督。此时的他还是山东巡抚，同时署两江总督。直至光绪三十二年（1906年）七月，周馥才正式卸任山东巡抚。

同治四年（1865年），李鸿章署两江总督，时隔39年，周馥也署两江总督。其实，“署”是代理的意思，一般署理时间都较短，但有职权，该处理的事也可以处理，无论官员还是老百姓，对其称呼也要按照实任官员对待。很多人可能觉得“署”不如“任”有权势，其实并不是这样。清朝有明文规定，本地人不允许做本地的官。李鸿章和周馥都是安徽人，而两江总督总管江苏、江西和安徽的军民政务，可见安徽也在两江总督的管辖范围，照例两个人是不能被任命为两江总督的。既然规定如此，朝廷却一再任命，是破格优待，此职位非此人不可的意思，所以，对于当事人来说，“署”更多的是一种荣耀，是朝廷对自己的重视和信任。一般当事人在接到任命后，决不会直接去谢恩，而是要请求皇上收回任命，若上面一再要求，才会去任职。

周馥在署两江总督的3年内，做了几件牵涉全国体制的大事：第一件，光绪三十一年（1905年），参与了由袁世凯领导的“停科举”运动，并得到批准，全面废除乡试、会试和各省岁试。至此，延续了1300年之久的科举制度被彻底废除。第二件，光绪三十一年（1905年），与袁世凯、张之洞一起，奏请立宪，实行三权分立和地方自治的立宪政体。第三件，光绪三十二年（1906年），奏请禁革买卖人口。

除以上关乎国家体制的三件大事外，周馥在属于两江总督本身的职责范围内，如查案、金融、吏治、教育等方面也做出了许多政绩。

（一）光绪三十一年（1905年）三月，奏裁江淮巡抚。

（二）光绪三十一年（1905年）十一月，奉旨查办上海会审公堂案件。上海会审公堂在当时闹得很大，很多人因此丧命。周馥前往上海后，缉拿匪徒，安抚受害者家属，恢复了社会秩序。除此之外，他还与英方交涉，坚持撤销英国副领事，惩办外国巡捕，并拒绝了英方的赔偿要求。这不仅安抚了民心，也为各级官员树立了典范。

（三）训练新军和巡警。

（四）正确认识到竞相铸币造成的金融问题。当时各地竞相铸币，甚至严重到不能收回铸币所需的本钱。周馥看到其弊端，向朝廷提出，并最终得到解决。

（五）派人出国考察茶业。

（六）奏请新浦、大浦开港，海州开埠。

（七）设立武备、师范、女子等学堂。

（八）对江南制造总局进行大刀阔斧的改革，使其进入黄金时代，这是中国造船业重要的转折点。

七、倦鸟归巢

（一）最后一次为官

光绪三十二年（1906年）七月十四日，朝廷任命周馥为闽浙总督。仅过了十天，又调补周馥去做两广总督。就这样，周馥在70岁高龄时又做了不到七个月的两广总督，才真正退隐。

在完成各种交接工作后，周馥抵达广州时已经是九月末了。《年谱》中并未记载周馥任职期间的建设性工作，只提到自己到各处视察学校、军队、炮台、工厂等。《行状》中记载了两项主要工作：(1) 有规划地进行广州市区的设计和建设。广州人多地少，患疫频繁，周馥上任后，扩建珠江堤，建设新市局，拓地数百亩，市政焕然一新。(2) 严吏治，清讼狱。广州的吏风非常恶劣，讼狱繁多且多年不清。周馥上任后，首严吏治，不出几个月多年狱讼就清空了。

光绪三十三年（1907年）四月，周馥被罢免两广总督。至此，周馥的为官生涯终于结束了，直至1921年十月去世之前，周馥度过了14年的退休生活。

（二）退休后的生活

周馥归隐之后，就住在芜湖，过上了闲适的退休生活。每天读书，还写了很多书，像《历代治水述要》《建德县志》《负暄闲语》等，都是他罢官后写就的。有时也会周游各地，拜访亲友，偶尔去庐山避暑。1911年九月，周馥移居上海，但因武昌起义的爆发，于同年十一月又搬到了青岛德国租界。1914年，第一次世界大战爆发后，青岛被日本占领，周馥便于五月移居天津，由四子周学熙奉养，直至去世。

（三）不做民国的官

1911年，辛亥革命后，周馥一直以清朝遗老自居。在青岛，周馥凑了9个常来往的70岁以上的遗老，作诗、照相，装订为一册，号称“十老图”。当然周馥并不是要求复辟帝制，其实他并不反对民国。一直以来，他都是一个头脑清醒的人，自然知道大势不可逆转，他这样做，或许只是为了和民国划清界限。

虽然周馥不做民国的官，但这并不意味着他支持恢复清朝。袁世凯称帝时，曾给十三个人优待，就是可以不必对他称臣，这里面就包括周馥，但周馥对这样的优待并没有任何回应和迎合。溥仪复辟时，也曾给周馥一个官职——协办大学士，这是一个没有实权但是地位极其尊贵的官职，这也充分说明了周馥当时的声望和地位之高。但是，周馥对这份“恩赐”也没有回应。所以说，周馥是一个对局势一直有着清晰认识的人，他知道一切终究是回不去了。

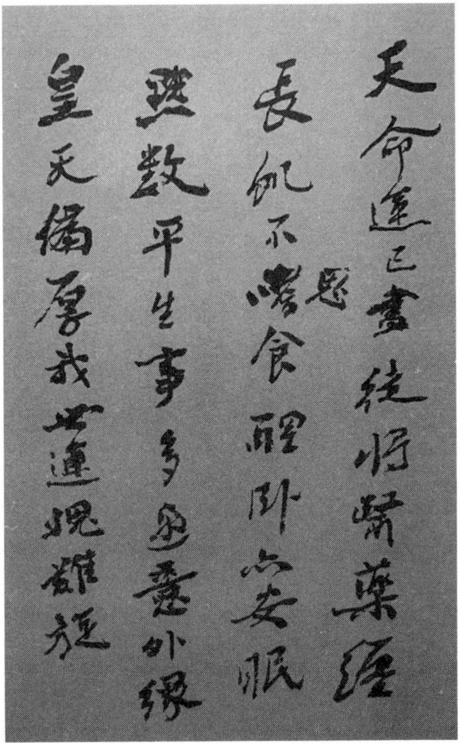

周馥亲笔

（四）驾鹤归去

> 本年自春间时小发寒热，眠食如常。七月底，胸背发现红痱成片，渐达四肢，痒而难寐，中秋节前渐愈。九月初间，眠食日减，医者皆言脉气极旺，然自知天命将尽，因述康节先生临终、横渠先生往视，彼此所谈人事、天命之语，以告熙儿。我

生平艰难困苦、安富尊荣，均臻极境，凡所遭遇，皆出意料之外。此天命，非人力也。今天命已尽，复何所恋而不去耶？因属家人速备后事。初六日，赋五律一首：“天命运已尽，徒将医药缠。长饥不思食，醒卧亦安眠。默数平生事，多邀意外缘。皇天偏厚我，世运愧难旋。”（《周悫慎公自著年谱》）

1921年，周馥开始感觉身体不舒服，便对家人说：我已经八十五岁（虚岁）了，精力已衰，岁不与我。你们可以早早为我准备后事了。周馥认为自己这一生，经历了非常人所能经历的艰难困苦和安富尊荣，遭遇的一切也都在意料之外。这些都是天命，不是人力，如今也能坦然面对死亡。

周馥在最后的日子里，开始放弃治疗，拒绝吃药，每天都恬然宁适，闭目安卧，时而听听音乐，时而与友人聊聊天。可见，周馥已经看淡生死，并一直静静等待着溘然长逝的那一刻。

1921年8月21日，周馥病逝于天津寓所，享年84岁。

第三章

周馥教子

第一节 关于《负暄闲语》

光绪三十三年（1907年），周馥隐退后，为了训诫诸孙，仿照颜之推所撰的《颜氏家训》，写下了《负暄闲语》。《负暄闲语》两卷，共六万字。“负暄”是冬日在阳光下暴晒取暖的意思，顾名思义，“负暄闲语”就是一个古稀老人，在温煦阳光下向晚辈述说往事，但其意义又不止于此，这同时也是周馥人生经验的总结。

一、《负暄闲语》的创作目的

此篇为训诫幼孙而作也。诸孙年稚，读书无多，复爱流览西籍，恐将游骑无归，难以成立。诸儿虽时严切教导，惟语焉不详，颇失循循善诱之旨，虑其启迪无资。去年暹孙随侍居庐山、芜湖数月，因其所问，就书史所载，见闻所及，引申之以光其义，随笔记载，略分其类十有二。家庭琐琐絮语，不足以阐大道，然登高自卑，学道之功实基于此。编成后，复恐诸孙之未融于心也，又取先哲懿言，分类附载，俾资悟证。苟能好学深思，自然知识日充，事理通贯。即能谨守数语，终身不失，亦必受用良多。余衰且病，相见之日渐少矣，可即以此作为遗训，随时参悟，以助学力。诸小孙及曾孙等有在襁褓者，他日长成，可以此训解之。此尔等成败、兴衰大关键也，幸毋忽忘，负我厚望。宣统元年三月玉山老人周馥识。（《负暄闲语》）

周馥为此书作序时，便讲明了此书是以回答孙子周叔弢所问为基础而写成的书，是为了训诫诸孙而作。可见，这本书是周家家训，更是周家的传家宝。父母之爱子，则为之计深远，这一点在《负暄闲语》中体现得极为明显。在这样一个纷杂的世界里，周馥担心的事情太多了，他担心孙子们太年幼，读书又不多，又爱看西籍，怕他们难以成立；儿子们虽严切教导，但他又担心他们语焉不详，失去了循循善诱的意味。所以，趁着自己回答孙子周叔弢的问题这个机会，同时结合史书所载和自己的经历，随笔记下了答案，并将其分为十二类。编成之后，年迈的周馥又担心，孙子们万一不能融汇于心怎么办，便又收录了前人的相关语录，分类附载于每个版块。周馥嘱咐孙子们若能好学深思，自然能体会其中道理，融会贯通。若是再能终生谨守其中的道理，必受益一生。

二、《负暄闲语》解读

《负暄闲语》是一本很有意思的书，薄薄百页，分为上、下两卷。上卷分为读书、体道、崇儒、处事四部分，下卷分为待人、治家、葆生、延师、婚娶（兼阃教）、卜葬、组训、鬼神八部分，共十二部分。周馥从各方面通过分析圣贤道理和具体事例，来贯串说明他的道德观念。在叙述生平经历和阐发个人见解的同时，也收录了前人的相关语录以教育后代。

下面对《负暄闲语》中的十二个部分进行简单的解读，其中罗列了周馥在每篇开始时引用的名言，以便加深读者对每一篇主旨的理解。

（一）第一部分：《读书》

人才虽高，不务学问，不能致圣。（《说苑》）

几百年人家，无非积德；第一等好事，还是读书。（《负暄闲语》）

周馥在这一部分，具体阐述了自己对如何读书和做人的看法。

开篇即指出幼时读书须平心静气，详细推索，不可贪多务博。同时，借用《论语》中的“学而时习之”“为人孝悌”“鲜矣仁”三章，意在告诉孙儿们，一个人必须有志于学问，并身体力行，从日常生活的一言一行、一点一滴做起。同时，将心态放平，少计较得失，正心诚意，多向他人观摩学习。

紧接着论“学”之义和为学的下手处。都说“学而时习之”，那么“学”到底是什么？世人往往认为“学”就是指读书，周馥却在这里指出，这是后世对“学”的最大误解。“学”不仅仅是读书，读书人亦不能被书本所限，要在困境中学会谋生，一言以蔽之，读书人要治生。周馥有这样的见地，和他年少时的经历是分不开的。此外，人均有偏，故克己在救偏，为学的下手处意在克己。“克己复礼为仁。一日克己复礼，天下归仁焉。”

最后，周馥具体论述了如何读书，提出了许多关于读书的独到观点。如读书必须先确定方向，即看什么书；读书要有思辨的精神，不可妄下评论；读书应以研究道理、身体力行为要；等等。同时周馥特意指出，小说闲书，是不可以看的。虽然这一观点有待商榷，但周馥对读书的态度是值得肯定的。著《负暄闲语》时，周馥说自己已经老眼昏花，不能多读，但每日有空的时候，仍不时翻阅书籍，因为他觉得，与其强颜与现在的人应酬，不如多与古人交流，以正心性。或许在周馥看来，读书是与历史上那些最具智慧的头脑者交流的过程，这种交流，胜过无用的社交千万倍。

“读书是广见闻、开性灵，其中自有乐趣。”周氏家族是非常注重读书的，一直主张用诗书培其脉，同时也注重子弟向良师益友学习。周馥曾命周学海、周学铭、周学熙三人求学于晚清名士李慈铭门下。李慈铭是晚清著名学者，诗文负有盛名，曾称赞周学海、周学铭、周学熙三兄弟为“少年才俊”，夸奖他们没有贵族子弟气，兄弟友爱恂恂，乃近日所难得。此外，周馥的幕府中也有很多著名学者，如通晓舆地、音韵和算术的邵班卿，精通词章的潘笏南，善于公牍的洪述之，制艺一流的刘丹庭，等等，这都让孩子们受益匪浅。周学熙在接管家族子弟教育后，也传承了这一优良传统，遍访名士宿儒，教育子侄。

尽管周家每一代的境遇大不相同，但是注重传统文化教育、以诗书培其脉的理念是完全一致的。这种思想观念成为周氏一族的共识，并不遗余力地渗透到每一位子孙的教育中，一代又一代，这也是形成时下周氏家族人才兴旺的基础。正如宋路霞在《上海滩的豪门望族》一书中所写：“纵观东至周氏家族的百年历史，可从中发现一条经验，即读书和藏书的潜在作用，这种作用有时是看不见、摸不着的，可一旦看得见、摸得着时，往往已成高山峻岭、汪洋纵海之势了。”

（二）第二部分：《体道》

夫能有其国保其身者，必且体道。（《韩非子·解老》）

这一部分中，周馥先以“气”立体道之体，再以“性”植体道之本，后以“诚”应体道之变，三致意也。

“气”是什么？万物皆有气。花出于枝，枝出于茎，茎出于根，根生于土，土具备生气而充盈四周。天上地下，身内身外，皆是此气。凡所见所闻，不管大小，不论古今，都离不开此气。若是没有此气，则没有天地万物。这种“气”，便是体道的体。

人受父母的恩赐而有身体，受天地之气而有性。性，依托于气而存在。万物皆有气，万物也皆有性。气灭了，性也就散了。孔子说过：“性相近，习相远也。”意思是说，人的性情本来相近，但因为后天的学习，便相距越来越远。可见，人之“性”，本来没有什么不同，却因“习”而千差万别。正因为人性参差不齐，故而成性显得更为重要。周馥指出，体道之要，在“自有一条恰当路径，循分合理做去”。循“分”，那么“分”是什么？孟繁之曾解释过，“分”兼指性分和职分。“性分即指天所授而人所受之性。天降生民，故人人有性。而又人人不同，故性各有分。性分犹天性，职分犹天分。人立于天地之间，当有一定的位置，这个位置就是天分，就是职分。”所以，循着人的性分和职分，努力修身，才能成性。

周馥说，天地至诚无妄，但是世人多参透不了“诚”这个字。在这里，周馥提出了三个问题：百草开花结果有假的吗？禽兽鱼虫任天而动有假的吗？昼夜寒暑，春生秋敛，有不成次序的吗？正如《中庸》所言：“天地之道，可一言而尽也，其为物不贰，则其生物不测。”可见，不贰就是诚，诚自生生不息，所以世间生物才如此不可思议。天道、人道均为一个“诚”字。人是天地万物之灵，自然更不可忘却天地本性，更要努力去做到“诚”。诚，信也。信，实也。不诚无物，诚外亦无物，体道即体诚。至诚如此，方可不惑于顺逆贫富，方可尽其份所当然，方可实现周馥口中的“和平安当”。

（三）第三部分：《崇儒》

每逢学士真儒，叹息踧踖，愧生于中，颜变于外，不复自比于人。（韩愈：《答殷氏御书》）

道不行，百世无善治；学不传，千载无真儒。无真儒，则贸贸焉莫知所之，人欲肆而天理灭矣。（《宋史·程颢传》）

近代中国，百家争鸣，儒、道、释、西竞相追逐，你方唱罢我登场，令人眼花缭乱。在本篇中，周馥针对道学、释学、西学一一批评，掘其根源，校其偏至，独尊儒学，并在开篇就指出：“我家子弟，总以专重儒修为主，不可邪趋旁骛。考求西学，原属因时制宜。圣贤处今日，断无不变法之理，亦断无不间取西法之理，要不可逐末忘本，蔑视圣教，获罪于天，不可逭也。”天不变，道亦不变。周馥对自家子弟的告诫铿锵有力、斩钉截铁、掷地有声，可见建德周氏一家对儒学的尊崇何等坚定。

此篇中，周馥还谈论了对宗教的看法。周馥对待宗教是极为客观的，他不是简单地把宗教看成一种意识形态或是一种崇拜行为，更不会将其描述为一种社会组织，而是把宗教看作一种特殊的文化形式，一种有着深刻思想的文化形式，并以平等之心来看待它们。他同时指出，儒学并不是儒教，但儒学有着高度的信仰价值和现实意义。周馥对儒学的极度热爱和高度自信，让他直呼“我儒”，他心中的“我儒”，是极其体全的，“推出天性中有仁、义、礼、知、信五德”，可以“用于世之大而顺”。

接着周馥还谈及了“儒行”，涉及“尽性至命”“一事不知，儒者之耻”“用之则行，舍之则藏”等儒家行为，同时回答了耶稣教士对“民可使由之，不可使知之”“以直报怨”的疑惑，让教士心服口服。

“大凡为儒能力学者，必在心性上做工夫。”修齐治平之事，以修身为本，而修身工夫当注重心性，而在心性工夫方面，王阳明、陆九渊与程颐、朱熹是不同的。周馥在这一篇的最后，针对周叔弢的疑问，指出了程朱理学从宋朝发展至今，仍是学者们的追求。程朱理学把孔孟置于正宗，同时继承了汉唐儒学的长处，使儒学走向政治哲学化。700年来，程朱理学一直被奉为正统，在培养人们的理论思维、教育人们知书达理、维护社会稳定和推动历史发展等方面，都发挥过不可替代的作用。

（四）第四部分：《处事》

则以观德，德以处事。（《左传·文公十八年》）

处事，就是处理日常生活中发生的各种各样的事，处理自己与他人、与社会的关系。人的一生都在日常生活中度过，所以，处事就是在日常生活中的修身。周馥在本篇详细论述了处事的相关注意事项，如处事的方略、方式、方法等，或讲理，或叙事，或分析，环环相扣，深入人心。

周馥在开篇即指出，处事需详审。《论语》曰“君子敏于事而慎于言”“人无远虑，必有近忧”，《中庸》曰“凡事豫则立”，都是在说思考事情必须详细谨慎。周馥还提到了李鸿章对自己的评价：“周某用心极细，虑事最精，且廉正有魄力，非时人所及也。”可见，周馥是一个心思细腻、处事周详、富有预见性的人，当然这也反映了他对子孙后代深切的期望。

周馥同时指出，处事也应当明理。在周馥心中，“理”便是“一身行止，惟义是视，从不趋利避害”。周馥的一生中，无论身处困境还是顺境，从未抛下“义”这个字，不管是对自己有着知遇之恩的李鸿章，还是对那些曾污蔑、弹劾过他的人，他从未舍弃心中的这份“义”。对于应行之事，他也都尽其所能地宽厚、妥当处理。周馥还时常教诲孙辈“违义而荣不如守义而困”。程颐说过，“君子之学，必先明诸心，知所养，然后力行以求至，所谓自明而诚也”。可见，明理对于处事的指导作用不容忽视。周馥常谆谆告诫孙辈说：“尔等当力学之年，先求明理，明理则居家处约、处乐，为官处常、处变，自有见解。”

凡事要取得好的结果，那处事必然要掌握一定的方式方法。在处事方略方面，周馥认为要注意以下几点：一是随时随地而变，不能太拘泥。二是识清道理，不可唯利是图。三是量识要远，不可苟顾眼前。四是贵在得中，尽量顺乎人情。

在本篇最后，周叔弢问了周馥一个棘手的问题，他说：有时候需要处理的事情十分万难，法律和礼仪都已经行不通了，人情也讲不通，该怎么办呢？周馥告诉他：事情都是千变万化的，处理的方法自然也是千变万化的，断然没有没法处理的道理。凡事都要等待时机。然后从处一己之事、处一家之事、处国家之事、建旋转乾坤事业这四个方面来论述处事要领，层级而上，环环相扣，将处事与修身相结合，深合修齐治平之旨。

（五）第五部分：《待人》

> 内而存心养性、立身行己无所歉，外而接人待物、处事应世无所戾。（愈文豹：《吹剑四录》）

在这一部分，周馥主要讲了如何与他人相处，如与亲友、与乡党、与奸险之徒、与不好相处的人、与下属等，该如何与之相处，才不失本心。这中间也穿插了周馥对一些有深意的问题的看法，如父母该留给子孙什么。

1.对待亲友、乡党，要心存厚念。家人和同乡是一个人的支撑，是挥之不去的挂念和根基。周馥一直坚信，真正的帮助，不仅仅只是让他们过上温饱的生活，更要以帮助其兴学、教其向上为至上德行。可见，周馥不是那种只会散布小财、邀买人心的善人，而是有着真正远见的聪明人。

2.对待奸险、横暴之人，须以厚道示之。周馥认为，一般情况下，即使是横暴艰险之徒，也不会无缘无故冒犯自己，所以必须以厚道待之，同时提防着点儿，那么自然少受侵犯。如若自己的上级是这样的人，那也要做好自己分内的事情，该进言的也一定要进言，总要“立定脚跟”。

3.对待不好相处之人，必定要做好自己。多数情况下，人是不能自己选择周围的人的，总要面对各种各样的人，这里面必然有与自己处不来的。玉山老人在这里教育儿孙，你是你，别人是别人，时时刻刻做好自己就好，要心存和平，直道而行，时时检点，谨防被人中伤。周馥说：“凡办大事，与人共患难、共功名，须有一段诚挚意。”可见，这份“诚挚意”，这份宽宏大量，有多宝贵。

4.对待下属，要赤心以待。身处上位，要用人以长，同时赏罚分明，如此，才可上下一心，形成良好的工作风气，无往而不利。

5.父母该留给子孙什么？没有人不期望自己的子孙后代贤而富贵，但自古富贵却无常，正如人们常言，“富不过三代”“君子之泽，五世而斩”。如此，留给子孙什么，一直是父母考虑的问题。周馥不仅在本篇提及此问题，在下一篇《治家》中也曾提及。

（六）第六部分：《治家》

治家，无用之物不能动其计，则资有余。（《韩非子·解老》）

周馥曾与友人谈论修身治家之道，朋友中有人主张“明理”，亦有人主张“俭”和“和”。最后，周馥用一字总结治家之道，那便是“诚”。

《中庸》里说：“唯天下至诚为能化。”程颐说过：“无妄之谓诚。”诚是天之性，即人之性，天下万事万物的道理皆出于“诚”。周馥阅人无数，深知因做不到勤和俭而失败的人数不胜数，而那些即使做到了勤、俭，却心存险诈、欺天罔人、不够诚心的人，也是注定要失败的。

“诚”，意味着治家不仅要做到“勤”，做到“俭”，更要做到“和”和“严”。内宜和，和气方能生财，和的关键在忍，常言道，“不痴不聋，不做家翁”，便是这个道理；外宜严，严并非一味地严厉，而是整齐之意，如长幼有序、夫妻相敬等。同时，周馥指出治家必须讲究谋生之术，谋生在以利稳而能持久为主，不在所获多寡。

周馥曾在《待人》篇提及父母教子的问题，富贵无常，父母到底该为孩子留下什么财富，才能让家族一直延续下去，这是一个亘古不变的问题。周馥在《治家》篇再次阐述了这个问题，他说大凡那些富贵人家的祖宗，都是敦厚有品、含辛茹苦地将孩子们抚养长大，但待到后世富贵时，子孙们却日渐刻薄，最终又转入贫贱，这也是常理，处处可见。但他同时提出，若是那些富贵之家，能世世代代守住敦厚，不忘贫贱，那即使后世不如祖上风光，也不至于太落魄。所以，为父母者，必须为子孙计长远，不能一味只考虑眼前的蝇头小利，以为只要留下财产便可保子孙后世无忧无虑，假若子孙不能自立，即使亿万家产，也总有坐吃山空的一天。在周馥看来，教会子孙自立，为子孙后代留下思想上的财富，才是重中之重。周家世世代代人才辈出，不仅有着强大的经济后盾作为基础，更与其艰苦朴素的家风密切相关。

周馥一家人不仅重开源，更重节流，世世代代都保持了勤俭持家的家风。如周馥任两江总督后，便立即废除了之前每日都为总督开一桌含鱼翅、燕窝等名贵菜肴酒席的惯例。很多人对周馥的印象都是生活简朴，周作人在《饭后随笔》中，曾回忆他当年在江南水师学堂见到周馥时的情景，“周玉山站在操场上，穿了棉袍马褂，棉鞋也很朴素，像是一个教书先生模样”。而当时的周馥，已经是南半个中国各省督抚之首的两江总督兼南洋大臣，却还是一副穿着棉袍的“教书先生模样”，正如周作人所言：“可以说，在五十年中所见新旧官吏中没有一个人及得他来的。”

（七）第七部分：《葆生》

存其心，养其性，所以事天也。（《孟子·尽心上》）

故在上者，先丰民财以定其志，帝耕籍田，后桑蚕宫，国无游民，野无荒业，财不虚用，力不妄加，以周民事，是谓养生。（荀悦：

《申鉴·政体》）

此篇主要是周馥和孙儿探讨养生之正道。在周馥看来，谈养生，首先当知养生之“正念”，其次当行养生之“正行”。

中医讲究“不治已病治未病”，换句话说，中医看重养生胜于治疗。自古以来，中国人观察事物常分事前与事后，养生属于病前事，治病属于病后事。中医的观念便是，与其在病后着急上火，不如在病前多加注意，防患于未然，这便是周馥眼中养生的“正念”。但周馥也指出，养生为君子的性分中事，不仅仅是为了预防生病和延年益寿，更需要注意的是，绝对不可以因为养生而丧失本性，养生的同时，也是在养心和养性。

周馥特别强调空气的重要性。人依赖天地之气而生存，可以十多日不吃饭，但绝不能不呼吸。周馥儿时视力极好，有次坐在屋内，看到日光下游尘若断丝一般，纷纷扰扰。一开始周馥以为这是灰尘，便问祖父：这是什么呢？会不会进到我肚子里？祖父笑着说：这是空气，俗话说“人在灰中不吃灰，鱼在水中不吃水”。听了祖父的话后，周馥开始慢慢悟出，空中弥漫的，皆是人们赖以生存的元气。天地之气，无一刻停顿，一呼一吸，由朝至夜，由少到壮，直至老、病、死，都是此气所为。

在养生方面，周馥的母亲对他的影响很大。周馥在讲述儿时经历时，曾提到过母亲关于尊重客观规律和养生的教导也使他受益匪浅。是母亲让周馥明白，人的饮食和起居需要尊重规律，物也是这样，不能错乱。

周氏家族人大多长寿，周馥活了85岁，周学熙活了82岁，周叔弢活了94岁，周一良活了88岁。可见，建德周氏一族的长寿与其养生知识和境界是分不开的。

（八）第八部分：《延师》

古之教者，家有塾，党有庠，术有序，国有学。（《礼记·学记》）

师者，所以传道、受业、解惑也。（韩愈：《师说》）

夫大导师者，导以正路，示涅槃径，使得无为，常得安乐。（《佛报恩经·对治品》）

在《延师》篇，周馥仅仅用了五段的篇幅，讲述了如何延师、择师、交友等问题。虽然简短，却将道理阐述得十分明确。

在为孩子选择教师方面，周馥指出必须选择品行兼优、端谨通达之人。因为教师对学生的影响是潜移默化的，如傅玄所言："与善人处，如入芝兰之室，久而不闻其香；与恶人处，如入鲍鱼之市，久而不闻其臭。"周氏一族向来十分注重子弟教育，在《读书》篇就曾提及周馥为周学海、周学铭、周学熙三人延请名师的经历。周学熙在《自叙年谱》中曾忆起并感慨过这段求学岁月："故知人家子弟，必赖有贤师友在少年时与之相处，默化于无形，方能成焉。"这种好学风气，百年来在周氏家族一直弥漫，至今不衰。

《论语》曰："三人行，必有吾师焉。"人若能立志勤学，那么到处都是师资，都是值得自己学习的人和事。学习是永无止境的，一个人在任何时候都不能停止学习，并且要善于向他人学习，毕竟"学无常师""事无常师"。而且，周馥认为在交友和选择身边人方面，都要选择朴实一流的人。周馥对子孙的这些劝诫，让建德周氏一族从不曾对学习有所松懈，这让家族荣光一直延续了下去。

（九）第九部分：《嫁娶（兼阃教）》

顺四节之宜，适阴阳之和，使男女婚娶不过其时。（《后汉书·周举传》）

古人十分看重婚姻，《周易·序卦传》曰：“有天地然后有万物，有万物然后有男女，有夫妇然后有父子，有父子然后有君臣，有君臣然后有上下，有上下然后礼仪有所措。夫妇之道不可以不久矣，故受之以《恒》。恒者，久也。”可见，夫妻关系不仅对于家庭有重大意义，对于国家也是，所以必须处理好。

很多人在婚姻的选择中难免嫌贫爱富，就连程子也说：“嫁女必须胜我家者，娶妇必须不若我家者。”但是，周馥对此并不赞同，并进行了反驳。他认为，人事和天缘，是不可一概拘执的，以后的贫富，没有人可以预知，选择未来伴侣时，不必看贫富，只需看对方是否存心忠厚、治家是否有礼法即可。在周馥看来，品行是胜过贫富的。

在此篇中，周馥对很多世俗的择婚观念进行了批评。他不信八字，不主张在婚姻中女子必须大于男子，不提倡指腹为婚，等等。在他看来，德行胜过一切。那些勤俭朴厚的人家，即使现在贫穷，将来一定会发家致富的。

周馥在本篇大力强调了夫妻关系，并用白居易的《妇人苦》一诗结尾，可见他对广大妇女群体的尊重和同情。

妇人苦

白居易

蝉鬓加意梳，蛾眉用心扫。

几度晓妆成，君看不言好。

妾身重同穴，君意轻偕老。

惆怅去年来，心知未能道。

今朝一开口，语少意何深。

愿引他时事，移君此日心。

人言夫妇亲，义合如一身。

及至死生际，何曾苦乐均。

妇人一丧夫，终身守孤子。

（十）第十部分：《卜葬》

葬术非起于璞（郭璞），盖汉以来已有之，汉以上则不经见……后世为其术者，分为二宗。一曰屋宅之法，始于闽中，至宋王伋乃大行。其为说生于星卦，阳山阳向，阴山阴向，纯取五行八卦，以定生克之理。一曰江西之法，肇于赣州杨筠松……其为说主于形势，原其所起，即其所止，以定其位，专指龙穴沙水之相配。

（赵翼：《陔余丛考·葬术》）

古代埋葬死者，先占卜以择吉祥之葬日与葬地，称为卜葬。周馥在这一篇中，用了大量篇幅去描述风水、相地、葬法等，足以看出周馥对卜葬的重视程度。

风水之说在中国古代源远流长，郭璞在《葬书》中云：“《经》曰：气乘风则散，界水则止。古人聚之始不散，行之使有止，故谓之风水。风水之法，得水为上，藏风次之。”

风水是自然界的力量，是宇宙的大磁场能量。风就是元气和场能，水就是流动和变化。风水本为相地之术，即临场校察地理的方法，也叫地相，古称堪舆术，它是一种研究环境与宇宙规律的哲学。风水的核心思想是人与大自然的和谐，达到“天人合一”的境界。早期的风水主要关乎宫殿、住宅、村落、墓地的选址、座向、建设等，是为选择合适的地方的一门玄学。

就生者之屋宅而言，谓之阳宅；就死者之坟地而言，谓之阴宅。迷信的人认为，“风水”的好坏可以决定宅主或葬者一家的祸福。周馥年轻时并不相信风水之说，但是他认识的一个塾师特别相信这种事情，周馥在书中曾这样反驳过：“自我祖宗以来，阅世多矣，由贫贱而富贵，由富贵而贫贱，盛衰之理，根于人事，循乎气运，天地不能齐而一之也。况以仙人体魄为子孙求福，其心安可问耶？古今福分莫大于文王，乃伯邑考不禄，管、蔡叛国；圣如孔子，而伯兄有疾、伯鱼早死，其他可知。且俗师多言福应，少言发贤裔者，子孙不贤而富贵，岂不益招天谴？”塾师看到之后说：道理的确是这样，但是我们这些普通大众为子孙求福，那些有德行的人为安置亲人体魄，怎么可以不谨慎呢？周馥听后自觉有理，也就不再辩驳了。

光绪四年（1878年），周馥母亲去世，享年62岁。周馥十分痛心，他觉得还没有让母亲过上好日子，母亲就这样离去了。思来想去，唯有好好安葬母亲，才足以报答母亲的养育之恩。周馥将各位已故亲人安葬，迁葬祖父母于秧田阪的马鞍岭，迁葬父亲于沈家山，迁葬叔父和三子学涵于邓家山虎形，安葬母亲于历山之枫林峋。后来，乡人见周馥一家人事事顺心了许多，便都说是家中得了吉地。周馥自然不相信，他认为做这些只不过是为了安顿已逝家人的体魄，并无他意。可见，周馥虽不过于迷信风水之学，却也坚信相地葬亲是一件大事，但深浅随人眼力，吉凶视人心地，须力求稳妥，不可草率。同时周馥也讲究随缘成事，不可执迷，后世子孙若能存心为善，自然得福，切忌不切实际，更切忌使力使诈，用权术谋买。

本篇的后半部分，周馥运用了大量事例，讲述了相关葬法。周馥认为，“君子专论修身，不讲谋地，择葬本是修身中之一事，能修身自然择得吉地”，其通达如此。修身是人生一切行为之本，择葬亦是修身中事，人若能行善修身，自然百事皆顺。

（十一）第十一部分：《祖训》

> 追念本始，无忘尔先，永锡追荣，用章彝训。（元稹：《赠乌重胤父承玼等制》）
>
> 追夫王路陵夷，礼教残阙，悖德覆行者，接踵于世。于是为之亲者，恐恐然虑教敕之亡素，其后人或纳于邪也，始丁宁饬诫，而家训所由作矣。（张一桂：《重刻〈颜氏家训〉序》）
>
> 余之不信僧巫，不信地仙，颇能谨遵祖训父训，而不能不信药。（曾国藩：《日记·问学》）

本篇中，周馥先后回忆了祖父、祖母和父亲对自己的教育和影响，也记录了家庭的兴衰过程和世系，让周氏家谱的全貌展现在我们面前。

周馥身为晚清重臣，曾经营过洋务运动，一生治水，所经手资金不计其数。但是，他一直保持着勤俭节约的生活方式，这与祖父的教育是分不开的。祖父常言：“我幼遭家落，苦不堪言，只低头守分，尽力做去，分外之想一毫不着于心，分外之利一毫不着我手，我胸中洒洒落落，何尝有过不去的日子？”并不断告诫周馥：“尔他日纵富贵，仍要吃苦做事，不吃苦，虽富贵不能久也。可以我语传示子孙，勿忘云。”祖母和父亲也常对周馥提起自己吃苦做事的经历，并嘱咐其告诫子孙后世。“忠厚传家久，诗书继世长。”周馥时时刻刻谨记长辈的教导，一生保持着勤俭节约的生活方式，从不铺张浪费。他总结毕生经验道：“余生平遇家事，惟守素节用，淡泊处之而已。”周馥也这样时时刻刻教育儿孙，吃得苦中苦，方为人上人。自周馥以后，周氏家风历来注重勤俭节约，对于子弟铺张、奢侈、懒惰等行为，必严加管教。俭以养德，这些都为家族荣光的延续奠定了基调。

国有史，县有志，家有谱，人有传。家谱是一个姓氏的历史，十年一采，三十年一续，向来有定制。周馥在本篇中，大致叙述了周氏家族的世系，一姓之内聚数百家，每家兴衰起伏各有其经历，父传子，子传孙，口传心授。口传的是家史，心授的是心志，常言道，“遗子千金，不如遗子一经”，《负暄闲语》才是周氏家族真正的传家宝。

（十二）第十二部分：《鬼神》

> 《礼记·中庸》：“鬼神之为德，其盛矣乎。”程颐章句：“鬼神，天地之功用，而造化之迹也。张子曰：鬼神者，二气之良能也。愚谓以二气言，则鬼者阴之灵也，神者阳之灵也。以一气言，则至而神者为神，反而鬼者为鬼，其实一物而已。”

朱熹说：“鬼神只是气。屈伸往来者，气也。天地间无非气。人之气与天地之气相接，无间断，人自不见。人心才动，必达于气，便与这屈伸往来者相应。”邵康节说：“人之善恶但萌诸心，发乎虑，鬼神已得而知之。”可见，人心的善恶，鬼神早已知晓，祸福之机早已显露，根本不必等待报应到来的那一刻。

书中大多提及鬼神，鬼神思想在中国可谓根深蒂固，那到底有没有鬼神呢？朱熹说过，“鬼神之理盖难言之，谓其有一物，固不可；谓非真有一物，亦不可”。周馥是主张破除鬼神迷信思想的，并在本篇中讲了两个惨案。一是他任山东巡抚时，男男女女去老君庙烧香，火苗经风一吹，引起了大火，烧死了100多个人。于是周馥便禁止了庙会，并将庙改为学堂。二是任两广总督时，有某县妇女在看戏时，不小心引燃了戏台旁放置的火药，烧死了100多人。周馥说这样的惨案数不胜数，若真的有神，绝不会在拜祭它的时候烧死无辜百姓。迷信鬼神，害人不浅，去愚开智，任重道远。

孔子不语怪力乱神，曰：“未能事人，焉能事鬼？”“务民之义，敬鬼神而远之。”孔子的寥寥数语，已将鬼神之义阐述得具体透彻。这世间的事情，理应尽人事，而不是听命于鬼神。

周馥曾语重心长地对孙儿说：“我为官三十余年，心中所筹划者，属员知者十之三四，幕友知者十之五六，继我任、知我谋者十之二三，尔辈更无从闻知，故略述梗概，明我心迹。”周馥写此书时，已卸官居家，况且此书也不是写给外人看的，无须顾忌太多，所以，《负暄闲语》的确是周馥的肺腑之言，真实反映了他的思想境界，是他一生为人处世的经验之谈，娓娓道来，愈觉真切。

《负暄闲语》作为周氏家训，没有辜负周馥的一片苦心，周氏后人也没有辜负周馥的期望。周家世世代代人才之盛，家族跨越百年而不衰，

《负暄闲语》功不可没，这正说明了这本家训的价值。虽然周馥生活的时代至今已过百年，中国与世界都已发生了翻天覆地的变化，然而，《负暄闲语》作为后人的一笔精神财富，读来仍饶有趣味。

第二节 家族情况

周家人才辈出，2013年冬，周景良先生接受《上海书评》记者郑诗亮先生访谈，后这篇访谈被整理成《周景良谈建德周家》一文，发表在《上海书评》2013年12月29日。刊发此文时，文前曾有编者按语：

> 安徽建德周家是在中国近代史上留下特殊影响的望族。第一代周馥是清末蜚声一时的封疆大臣；第二代中，近代工业、教育先驱与北洋政府财政总长周学熙，允推杰出代表；第三代中，周叔弢为实业家及古籍收藏家，周叔迦为佛学家，周明达为数学家；到了第四代，更出现了周震良、周煦良、周炜良、周一良、周钰良、周艮良、周杲良、周以良、周治良、周景良等著名学者、教授。中科院地质研究所研究员周景良是周叔弢的幼子，由他讲述的周家的故事，点点滴滴，都是近代史大江大河卷起的波浪。

安徽建德周氏家族由布衣到达官，开始或许偶然，但人才累世辈出则出于必然。强大的经济基础及对教育和品德的高度重视，成就了家族中众多的知名专家和学者。大量偶然和必然的因素，成就了皖南及中国近现代史上的这一名门望族。周氏家族从名不见经传的小山村走向国家的各大城市，从中国走向世界，这些都与他们的家教和门风紧密相连。优秀的家风经过一代又一代的周家人传承了下来，经过岁月的洗礼，更加熠熠生辉。

自周馥开始，周家的能人如长江之浪，前后辉映，灿若星辰。在20世纪的百年间，周馥家族发展成为中西交汇、文商并举的名门望族。周馥的子孙成就斐然，名满天下，远远打破了“富不过三代”的魔咒。

一、周馥的孩子们

周馥有六子三女，六子分别为周学海、周学铭、周学涵、周学熙、周学渊、周学辉，三女分别为周瑞钿、周瑞珍、周瑞珠。其中三子周学涵16岁时染病去世，其余五子中有四子考取功名。长子周学海，字澄之，光绪十八年（1892年）进士，是一位很有声望的医学家；二子周学铭，字味西；四子周学熙，字缉之，光绪十九年（1893年）举人，是大名鼎鼎的北方民族工业奠基人，和张謇有着“南张北周”之美誉；五子周学渊，字立之，光绪二十年（1894年）经济特科二等第四十名；六子周学辉，字实之，光绪二十九年（1903年）举人。

二、周馥的孙儿们

在周学海的五个儿子中，长子周达，原名明达，字今觉，号美权，是著名数学家和邮票大王；次子周逵，原名明逵，字仲衡，曾留学美国，是著名的外科大夫，曾任协和医院外科主任；三子周叔弢，原名明扬，字叔弢，知名度最高，既是著名实业家，又是一代藏书大家，曾任全国政协副主席；四子周进，字季木，擅长簿录之学，是收藏和鉴定专家，他收集的汉、魏、晋石刻及拓片超过前人；五子周云，原名明云，从事金融业。

周学熙有三个儿子，长子周明泰，字志辅，集实业家和收藏大家于一身，人称戏单大王；二子周明焯，字志俊，创办了久安资本集团，是周氏家族南下上海的主力军；三子周明夔，字叔迦，现代著名佛学家，历任北京大学、清华大学教授，中国佛学院院长等职。

周学渊的二女周铨庵，原名杏铨，自幼学习昆曲，对昆曲的普及做出了巨大贡献。

周学辉有一子一女，儿子周明和结缘佛门，与世无争；女儿周仲铮，原名莲荃，巴黎大学文科博士，毕业于南开大学，并于1924年进入巴黎政治大学学习，是中国女子在该校的第一人。

三、周馥的曾孙们

周馥家族的第四代，更是人才蔚起，在各行各界大放异彩。如周今觉的长子周震良，既是收藏家，又是山东工学院电机系教授；次子周熙良，是著名文学翻译家、上海华东师范大学外语系主任，一生著作良多；三子周炜良，是世界级的杰出数学家。周叔弢的长子周一良，是著名历史学家；次子周钰良，是北京外国语大学教授；三子周艮良，曾任天津市建筑设计院副院长；四子周杲良，是斯坦福大学神经学教授；五子周以良，是著名植被及植物分类学家；六子周治良，是北京建筑设计院副院长，首都体育馆的主要设计者；七子周景良，是中科院地质研究所研究员；长女周珣良，曾任铁道部教育局局长；次女周以良，是南开大学生物系教授；小女周耦良，是中学英语教师。

不知从何时起，周家流传着区分辈分的谱系：“国之大有文，礼乐光宗学；明良启俊贤，赞育庆咸若。”周家人基本遵循这样的表明辈分的命名法，但也不是完全遵从，例如周馥虽原名宗培，但后改名为馥；周馥的孙儿们也都由“明”字辈，改为不带“明”字的名字；“良”字辈还老老实实地按“良”排行，“启”字辈、“俊”字辈又各行其是了。

第四章

实业家周学熙

第一节　两任总长理国财

周学熙

周学熙（1866—1947），字缉之，号定吾，60岁以后号止庵，又号卧云居士。早年科考仕途坎坷，遂放弃举业改习制艺，经其父周馥托亲家张翼（时任开平矿务局总办）安置为开平矿务局董事兼上海分局监察，后又被北洋大臣裕禄委任为开平矿务总办，从此奠定了一生飞黄腾达的基石。

一、母亲的影响

太夫人尝谕熙曰：吾邑地瘠民贫，兵燹之后，生计愈绌，欲图补救，端在教养，此吾之志事也。若异日得有寸进，当力谋所以继

述之。（周学熙：《敬慈善堂》）

同治五年（1866年），周馥的四子周学熙出生于南京。夫人吴氏产后体虚，没办法以母乳喂养周学熙。那时，以周馥家的条件，雇一个奶妈是没什么压力的。但是吴氏觉得为人不可过于奢侈而忘了根本，所以坚决不请奶妈，只是用水泡糯米团来喂养周学熙，这自然影响了其身体发育，导致周学熙自幼体弱多病。当他长到26岁的时候，某一天忽然身患恶疾，高烧不退，加之一直以来体质就差，身体在这样的打击下濒于崩溃，生命垂危。幸亏大哥周学海医术精湛，断定周学熙一定会出疹子，便让全家用黄酒不停地为其揉搓四肢，以此来让麻疹更快地发散出来。果不其然，一夜之间，疹子布满全身，体温也随之慢慢降了下来，捡回了一条性命。从此以后，母亲便时常叮嘱他："家乡山多田少，生计艰难。将来你若是发达了，务必多做善事。"

光绪三十三年（1907年），周学熙的母亲吴夫人逝世于扬州，临终曾留下遗言："吾邑地瘠民贫，兵燹之后，生计愈绌，欲图补救，端在教养，此吾之志事也。"周学熙时刻未曾忘记母亲的嘱咐，一直为故乡建德不遗余力地奉献，多次出资建设祠堂、学校、医院等。

一直以来，吴夫人"自奉极薄，待人极厚"的品德在无形中影响了周氏兄弟，周学熙也不例外。那个年代的人们，受佛家思想的影响，认为人的一生，禄数是有定数的，饭多一口都没得吃，觉多一刻都没得睡，所以都尽量以勤俭节约来约束自己，以此来延长享用时间。虽然这样的想法在现在看来有些可笑，但却不无道理。在这样的影响下，周学熙后来无论任多高的官职，都未曾铺张浪费，始终布衣布袜，保持着艰苦朴素的作风。

二、艰苦的求学经历

同治十一年（1872年），6岁的周学熙随家人来到天津。周馥对子女要求极为严格，晚上必须睡在学塾中，自己料理生活琐事，不能麻烦仆人。周学熙11岁时，已将“四书”“五经”基本读完。光绪四年（1878年），周学熙12岁时，祖母病故，他又随父母回到祖籍建德，当时家乡没有塾师，周馥便命他跟着长兄学海读书。周学海用的是老一套的教学方法，动不动就责骂，虽然严苛，却对周学熙帮助甚多。周学熙晚年曾在《自叙年谱》里回忆这段经历：“居天津读书，与三兄学涵同宿塾中，无仆役，一切洒扫书室事，皆自为之。”12岁学作文，师从李幼龙先生。15岁居建德，“在籍无塾师，从长兄澄之课读，督责极严，略有不力，即加夏楚，于是日夜用功，文思大进，学乃有成，故逾年即得入泮”。“至今感吾兄之德，不能忘也。”

光绪六年（1880年），14岁的周学熙独自一人肩背书籍行囊，翻山越岭，徒步到贵池府参加童子试，一举中试，成为秀才。又过了两年，周学熙第一次参加金陵乡试，不幸落第，他便返回天津，继续深造。在天津的这段时间，周学熙借助父亲周馥幕下人才济济的优势，学习了地理、音乐、天文、物理、化学等各种新学问。周学熙曾在《年谱》中回忆道：“治举业，从刘丹庭先生（启彤）看课。是时吾父幕中多一时俊贤，邵班卿之舆地、音韵、算术，潘笏南之词章，洪述之之公牍，及刘先生之制艺，皆杰出者也。余得朝夕讲论，熏陶渐染，粗得窥见各学门径。故知人家子弟，必赖有贤师友在少年时与之相处，默化于无形，方能成焉。”周学熙还曾拜于李慈铭门下学习制艺，“奉吾父之命，岁两兄执贽李莼客先生慈铭门下，呈所业文字”。

此后，周学熙分别由光绪十一年（1885年）、十四年（1888年）、十七年（1891年）参加了三次乡试，却场场落第。长兄学海和次兄学铭却场场得意，分别补了内阁中书和进了翰林院。但是勤奋的学熙一直不曾放弃，无论盛夏还是隆冬，都不分昼夜地看书学习。冬日里还好，可以多穿衣服御寒；夏天的夜晚是最难熬的，蚊虫纷扰，人们往往苦不堪言，周学熙便把谷糠放在炭火上，用烟来熏蚊子。凭着这股韧劲，周学熙终于于光绪十九年（1893年），在顺天府乡试中高中第十八名举人。不料，这场考试的名次却引发了一场大案。

顺天府为京师畿地，地处全国的政治中心，其乡试和礼部会试体制略同，一个正考官、三个副考官、十八个同考官，分为十八房，各房都会选一张答得最好的试卷，成为房首，列于榜前，号称十八魁。但当时有个严格的制度，凡是三品以上大员及京官中级以上官员的子弟，另编“官”字号，官字号的考生不准取在十八魁之内，以防大官子弟的优势阻挡了普通考生的前程。官员子弟得第十九名，便是最好成绩了，可周学熙偏偏得了第十八名。因为有一科恰好有人缺考，这样便只有十七魁，主考官孙毓汶极其欣赏周学熙的答卷，所以把他放在了第十八名。即便当时有人缺考，这样做也是违反规定的，而恰好孙毓汶是周学熙曾经的老师，所以发榜后，遭人举报。一起被举报的有包括周学熙在内的六名考生，皇帝下令彻查。其中三个人从考卷中就发现了问题，当即就被革除了功名。另外三人包括周学熙要到保和殿重考，派大臣亲自监考，大学士李鸿藻阅卷，结果一人成绩列入三等、一人列入四等，都受到了处罚。只有周学熙还是取得了一等第一名的成绩，这才洗刷了清白，允许照常会试。

三、投身实业富国道路

光绪二十年（1894年）、二十一年（1895年）连续两年，周学熙进京参加会试，全都落榜。光绪二十三年（1897年），正逢大比之年（古代学子进京赶考的那一年，一般三年一次），此时的周学熙，已经31岁了，对自己的仕途之路早已绝望，已不再希冀正途出身，便把之前分家所得的股票、债券和现金，全部投入了开平矿务局的股份。加之康有为、梁启超发动维新变法，影响了周学熙，从这时起，他不再执迷于八股取士，而是走上了实业富国的道路。

（一）任职开平矿务局总办

光绪三年（1877年），在招商局候补道唐廷枢的建议下，李鸿章向朝廷提议，在天津唐山成立开平矿务局，并任唐廷枢为总办。开平矿务局因为其中有80万两的股份，所以名义上是官督商办，实际上完全是官办。光绪十八年（1892年），唐廷枢病故，张翼继任开平总办。张翼本是醇亲王奕譞身边的贴身仆人，因对奕譞有救命之恩，所以一路平步青云，从小厮到管家，最后更是捐了个江苏候补道的官。当时，奕譞独揽政权，张翼也间接参与了许多国家大事，开始慢慢跻身政界。

周馥的七子周学渊的继室是张翼的女儿，因为这一层关系，周学熙被委以重任，一加入便成了矿务局驻上海分局的监察，后来又因勤于职守，工作认真努力，于光绪二十四年（1898年）升为矿务局会办，同年又升为

开平矿务局

总办。虽然此时的张翼已经是直隶及热河矿务督办兼开平矿务局督办，但他却整日无所事事，矿上的事情全由周学熙一人担当。

周学熙上任后的第一件事，就是着手恢复唐山细绵土（细绵土为水泥旧称，由Cement音译而来）厂的生产。光绪五年（1879年），开平总办唐廷枢因军事工程需要，创办细绵土厂。但之前因运输原料成本过高，加之生产不得法，导致连年亏损，十年下来，竟欠下开平矿10万余两银子。工厂于光绪十五年（1889年）不得不停产。

光绪二十二年（1896年），开平煤矿因需要水泥，而且细绵土厂本身有矿务局的股份，周学熙决心正式恢复其生产。他聘请李希明为经理，昆德（德国人）为化验师，并在唐山附近找到了原料基地，同时改进了生产技术。可天有不测风云，就在一切准备就绪时，庚子事变发生了。周学熙因事离开工厂，剩下李希明和昆德留守工厂。期间，为了避免义和团来找麻烦，加之因昆德的关系，细绵土厂一直悬挂德国国旗。昆德是个极其正直的人，周学熙对其十分信任，当时细绵土厂的所有重要资料和文件，基

昆德

本都是由昆德从开平矿务局取出，并全部保管起来。英国人曾千方百计地向他索取（此时开平矿务局挂的是英国国旗），不惜以重金诱惑，但昆德对英国商人骗取开平煤矿的行径十分痛恨，总是义正词严地回绝说：这是中国的企业，所有的文件资料都属于中国人。我受周学熙先生的礼聘，来管理这个企业，绝不能做背叛雇主而谋取私利的事！这也为后来周学熙收回细绵土厂埋下了伏笔。

（二）辞去总办职务

光绪二十四年（1898年），身为督办的张翼与英国商人摩林会面，并谈成20万英镑的“秦皇岛借款”。这笔借款使得摩林享有向开平矿派驻代表的特权。于是，年仅24岁的美国工程师胡佛（后任美国第31任总统）成为开平煤矿的矿师。

光绪二十六年（1900年），八国联军入侵中国，占领京津一带，开平矿区被俄国军队占据，在天津的产业由英、德两国霸占。一次，张翼被冠以“莫须有”的罪名（罪名为“张翼养的鸽子是为了给义和团通风报信”），被英军逮捕。后来，天津税务司的德璀琳去探望张翼，表面上允诺会不惜一切代价救他出来，实则另有阴谋。德璀琳将时局说与张翼，告诉他开平矿已被俄军占据，只有委托他代理开平总办，假装与英商合办，方可保全矿产。就这样，以“保全煤矿”为由，张翼签下了英方早已拟好的租约和委托书，即后来的《移交约》。次日，张翼即被释放。

然而，身为总办的周学熙冷眼旁观着这一切，明白这是外国人趁火打劫的骗局，于是拒绝副签（开平矿务局所有的文件必须由周学熙副签方可生效）这一变相卖矿条约，并愤然辞去矿务局总办职务。

（三）出任山东大学堂总办

光绪二十七年（1901年），周学熙被李鸿章派往山东。当时，山东巡抚袁世凯正在山东大刀阔斧地实行新政，如废除科考、提倡实学、筹建山东大学堂等。袁世凯一家本就与周馥一家关系十分密切，后来又做了儿女亲家（周馥的女儿嫁给了袁世凯的八子袁克轸），凭借着这种关系，周学熙一到山东，袁世凯立即委任他为山东大学堂总办，即首任校长。山东大学堂是山东大学的前身，是继京师大学堂之后中国创办的第二所官立大学堂。学堂是集小学、中学、大学一贯制，分工学、农学、矿学、商学、医学等学科的新式学校。周学熙主持学堂以后，制定学堂各项章程，聘请教员，为山东大学堂做出了前所未有的贡献。

当时的袁世凯克服了固有的重农轻商观念，认识到唯有商业发达，才可富民强国，所以在山东采取农商并重的方针政策。周学熙作为袁世凯最得力的助手，协助他在山东创设商务总局，以发展商业；设置筹款总局，以征收厘捐杂税。同时，袁世凯还派人到日本考察铸造银圆及发行钞票的章程和办法。这些都为他们二人后来在直隶推行新政打下了基础。

四、周学熙在直隶

光绪二十七年（1901年），袁世凯奉调署理直隶总督兼北洋大臣。光绪二十八年（1902年），周馥升任山东巡抚，周学熙照例回避，于是再度效力于袁世凯幕下，任候补道一职。在直隶的十几年间，周学熙主要办了以下几件大事。

（一）创设银圆局

由于八国联军的洗劫，天津城区一片混乱，商业和金融业遭受了前所未有的毁灭性打击，店铺和银号几乎毁于一旦。因造币厂毁于炮火，导致钱币短缺且流通不畅，致使物价飞涨，市面上假币充斥，市场一片混乱。光绪二十八年（1902年），袁世凯正式接手天津后，为整顿因战乱而造成的金融紊乱局面，委派周学熙为北洋银圆局总办。此时的袁世凯要离开天津一段时间，离开前对周学熙说："我回来后，希望看到你铸的新钱。"当时，周学熙的银圆局总办不过是个"三无"空衔，即无官署、无工厂、无机器。他一切从零开始，凡事亲力亲为，选址、招工、筹款、置械（多数利用天津机器局东局修械厂的残损设备），日夜督工，只用了72天，便在河北西窑洼大悲院建成造币厂，开工铸造铜圆150万枚。等袁世凯回津时，新币已经流通于市面，金融秩序也得以稳定。周学熙如此高效的工作，不仅平息了战后金融风波，使得物价趋于平稳，人心得以安定，而且也充裕了北洋财政。阅人众多的袁世凯对周学熙十分赏识，称赞他为"当代奇才"。后袁世凯又委派周学熙为他主持北洋实业，周学熙也十分感激这份知遇之恩，愈加为袁世凯效力。

北洋银圆局

（二）总办工艺局

光绪二十九年（1903年），周学熙奉袁世凯之命，赴日本考察工商业。周学熙在日本虽只停留了短短40多天，却受到了很大的震撼。在这几十天里，周学熙马不停蹄，考察了几十个不同的行业和不同规模的工矿企业、商业、金融财政部门，以及几十所不同类型的学校。他有感于日本因明治维新而走上富强之路，认为“日本维新最注意者，练兵、兴学、制造三事”，这三件事乃是富强之根本，中国要想富强，也必须从军事、教育、经济这三个方面效法日本。

周学熙归国后即向袁世凯汇报，提出中国“国非富不强，富非工不张”，指出“欲兴工艺，非设专局不能收效”，一再强调发展工业是国家富强的根本。当时的天津，正值八国联军洗劫一空，到处一片狼藉，经济损失惨重，百姓流离失所，无业游民极多。加之袁世凯对周学熙十分赏识和信任，便立马批准他成立直隶工艺总局，并委任其为总办，主持天津乃至直隶全省的实业建设，这也成为袁世凯推行“新政”的重要举措之一。

上任后，周学熙一方面为发展工业，一方面为维护社会治安，收留流入城市的游民。工业的发展，必须具备资本、人才和设备这三方面要素。据此，周学熙贯彻“兴学办厂”相结合的方针，在兴办实业的同时，注重人才的培训，并有计划地筹集资金，从光绪二十九年（1903年）到光绪三十四年（1908年）的5年里，先后筹集了几百万两白银，扶持官营和商办的企业。在主持直隶工艺局前后约4年半的时间里，成绩斐然，民智大开。主要成绩体现在以下几个方面：

1.光绪二十九年（1903年），创办北洋工艺学堂（后改名直隶高等工业学堂，今日的河北工业大学及承德石油高等专科学校前身）。设机械、化学、图绘等学科，聘请日、英专家为教员，并派送学生赴日本进修。截至光绪三十三年（1907年）十月，累计毕业生及留学生共153人，分配工作以后（有的回原籍兴办工厂），大多成为北洋实业的骨干力量，皆因学有专长、业务突出受到社会各界好评。

2.光绪三十年（1904年）9月，开办实习工厂。以培养初级技工为目的，同时也是工艺学堂的实习场所。工厂设机织、刺绣、印染、造纸、制皂等11科，生产的产品有布匹、火柴、肥皂、瓷器、桌椅等各类日用杂货。先后结业者700余人，分赴全国各地充作工匠、艺师。实习工厂是天津最早培养初级技工的实验工厂。

3.光绪三十年（1904年）八月，创办考工厂（后改名劝工陈列所）。为开社会风气，让人们认识到现代工业的成就，周学熙购置国内国外的新物品，陈列出来任人参观。考工厂成为中国最早的工业展览馆。同时，考工厂还对外出售工艺总局的产品。为沟通工商信息，劝导商人投资工业，考工厂下设工商研究所，每月开办两次“工商演说会”，向工商界宣传推广新产品与新工艺，灌输现代工商知识。可见，考工厂的存在，对仍处在农业社会的中国来说，无疑起到了启蒙的作用。

4.光绪三十年（1904年）九月，开办教育品制造所。制作各种教学仪器、体育器械、动植物标本等，专供新式学堂教学之用。

5.光绪三十一年（1905年），开办北洋造纸厂，生产销售各种纸张，坚决抵制外来洋纸。

6.光绪三十二年（1906年）四月，开办劝业铁工厂。设有机器、制铁、翻砂、电镀、铆锅等多种车间，并设分厂于大沽船坞。开工仅一年多，就制造织布机、榨油机、石印机、锅炉水泵、磅秤、车床、钻床等产品。厂内同时附设图算学校，采取半工半读方式培养技工，被誉为“华北机匠的摇篮”。

7.以官督商办的形式办起了织染缝纫公司、造胰公司、牙粉公司、玻璃厂等。

综上，周学熙主持直隶工艺总局期间，从官、民、商各个渠道筹措资金，开办各类工厂，并设工业学堂以培养人才，设实习工厂以传习技术，设考工厂以启发民智，设教育品制作所以开启求知等。同时，周学熙还创办高等工业学堂，聘请国内外专家担任教员，教授现代科学知识。不可否认，工艺局的各项措施，极大地推动了天津近代工商业的发展，革新了技术教育，使工艺之风广泛盛行。然而，由于当时社会风气极其保守，许多官员只知贪图享乐，对于这类既无益于升官发财又见不到短期收益的事情，基本无人愿意尝试，大多只是浅尝辄止。所以，周学熙大兴工艺的抱负并未得到长久收效。

（三）督办天津官银号

同样为了稳定商业和金融业，袁世凯在令周学熙创办银圆局的同时，又令他督办“平市官银号”。周学熙借鉴日本的经验，提出在银号内设置“储蓄柜”和“商务柜”的构想。“储蓄柜”即经营存款业务，聚积资本，以备各种需要；“商务柜”即经营贷款、贴现、汇兑及发行钞票，为促进工商业发展提供资金。袁世凯十分欣赏周学熙的想法，便把北洋财政大权全权交予他。周学熙可以说是身兼数职（直隶工艺局总办、北洋银圆局总办、北洋支应局总办、署天津道、长芦盐运使），总掌行政和财政各个领域。官银号成立后，贷出的资金，扶植了众多地方工商业，在天津开办了织染缝纫公司、造胰公司、牙粉公司、铁工厂等小型工厂，以及启新洋灰公司、滦州官矿公司等大型企业。

（四）成立启新洋灰公司

光绪二十六年（1900年），张翼曾与英方签下开平煤矿的《移交约》，但当时签署时，并没有签订收回的条款。直到光绪二十八年（1902年）十月之后，英国人诈骗开平煤矿一事，因“龙旗事件”而终于得以暴露。后来，清政府虽未追究张翼的责任，却也责成他收回开平煤矿。光绪三十一年（1905年），张翼来到伦敦，向国际法庭起诉。

光绪二十六年（1900年）十月，是清王朝的“万寿庆典”月，开平公司（开滦矿务局前身）的经理杨善庆派人在各矿挂上黄龙旗，以示庆贺。黄龙旗在井架上飘扬起来后，却被外国矿师马美蛮横地扯下。马美的无理行径彻底激怒了矿区的中国工人，工人们纷纷提出抗议。愤怒之余，中国工人也爬上井架，摘下了英国的米字旗。马美一边抗议，一边又派人挂上了米字旗。“龙旗事件”后，张翼口中的“中英合办”谎言被揭穿，出卖开平煤矿一事，终于真相大白。

光绪三十二年（1906年），周学熙奉袁世凯之命，处理开平产权的收回事宜。针对当时的情况，他提出了先收回细绵土厂的建议。周学熙这样试图先收回部分权益是有根据的，他曾经试图复建过细绵土厂，当初筹划时曾聘请过一位叫昆德的德国技师。昆德曾顶住压力，将关于细绵土厂的资料文件全部保管了起来，后来，周学熙再次回到细绵土厂后，昆德将这些文件毫无保留地交与了他。周学熙据此才克服了重重困难，最后得以索回细绵土厂。

英国人当时虽然占据了细绵土厂的地盘，却一直没有取得产权。经过多次交涉和斗争，直到光绪三十二年（1906年）七月初七，细绵土厂才再次回到中国人手中。工厂收回后，周学熙在整顿旧厂的同时，开始筹建新厂，并将旧厂改名为“启新洋灰公司”。

在昆德的帮助下，周学熙制订了具体翔实的公司发展规划，工厂很快恢复了生产。同时，他采用召集商股的办法，将公司由官商合办过渡到纯粹商办。技术精湛的昆德在唐山附近发现了制造水泥的优质原料，不仅大大降低了成本，而且产品质量也有所提高。当时北洋政府正在推行“新

启新洋灰公司

政”，修建各种炮台、码头、铁路、桥梁等，无一不用水泥，需求量巨大，且全国只有启新这一家水泥厂，加之“马牌”洋灰（产品注册商标为“龙马负太极图”，被用户简称为“马牌”洋灰）质量很好，所以一直尽产尽销、供不应求，其生产的水泥很快被全国重大的建筑工程所采用。

启新水泥刚崭露头角时，日本商人为了争夺中国水泥市场，与启新公司展开了一场声势浩大的竞争大战。日方仗着其水泥产量高、质量好，离中国最近的优势，大量将其水泥运到中国进行倾销，其目的就是挤垮启新公司。他们孤注一掷，丧心病狂地压低价格。当时，他们的水泥在日本的销售价是每袋2.97两白银，运来中国的运费合到每袋2.5两白银，但他

“龙马负太极图”商标

们却以每袋3两白银的价格出售，也就是说，每卖出一袋，日方就要亏损白银2.47两。可以说，这是一场不见刀光剑影、没有呐喊冲杀的战争。

作为民族工业的启新公司自然也不示弱，很快采取了应付措施，将原来每桶水泥的售价从2.25两白银降至1.55两白银，袋装水泥从每包1两白银降至0.7两白银。由于周学熙和昆德都十分重视生产设备的更新与改良，启新公司的水泥生产在产量和质量上飞速提高，成本不断降低，并且多次在国际博览会及国内展览会上获得奖章和奖状，所以日本商人这种自杀式的倾销，最终还是搬起石头砸了自己的脚。后来，启新公司垄断中国的水泥市场达14年之久，销量达到全国水泥总销量的92%以上。

在周学熙的领导和经营下，启新公司的成功，为多灾多难的中国民族工业争了口气，也为中国人在国际上赢得了尊严和荣誉。

（五）收回开平矿务局

张翼于光绪二十六年（1900年）与英方签下开平煤矿的《移交约》后，次年又签订了《卖约》。从此，英国人拥有了开平煤矿的所有权，而张翼却向朝廷谎称是中外合办。在真相大白后，袁世凯曾经向朝廷“三参”张翼，朝廷却始终未有大的惩处，只是责成他设法收回开平矿产。张翼迫于朝廷压力，不得不前往伦敦向法院起诉摩林公司。虽在英国耗时近半年，花费数万两白银，却始终一无所获。

开平煤矿迟迟未收回，英商变本加厉，想进一步将开平附近的滦州矿源也据为己有。有过收回唐山细绵土厂的经历，周学熙仍时时不忘收回开平煤矿的使命。但苦于现实状况，他只好与李希明等人多次商议，最终决定在滦州另辟煤矿，将开平矿区四周有煤层的地区全部划入滦州矿区，以中国的滦州煤矿来制约开平煤矿，从而达到“以滦收开”的最终目的。经袁世凯派人调查后，证实滦州矿不仅矿苗旺，而且煤质好，于是决定以“官督商办”的形式，于光绪三十三年（1907年）在天津设立滦州煤矿，委任周学熙为总理，孙多森为协理。

然而，贪婪的英国人并未停止自己的步伐。那森看到滦州矿的优势远远大于开平，便千方百计挤垮对方。他利用滦矿股本不足和清政府国库空虚的弱点，采用压价销售、附带赠品的办法来打击滦矿。滦矿也只好降低煤价，与之展开激烈竞争。加之英国人控制铁路运输，致使滦煤运输不畅，负债累累。那森还利用办报等手段，制造舆论。总之无所不用其极，滦矿被层层压垮，逐渐败下阵来。

1911年10月，辛亥革命爆发，股东们害怕革命势力掌权，致使自己的股份血本无归，于是态度大变，纷纷求助于开平矿。周学熙迫于众股东的压力，终于于1912年1月27日签订了《开滦矿务总局联合办理合同草案》。这标志着长达10年之久的收回开平矿的结束。其结局，不但未能收回开平，连滦矿也搭了进去。

（六）开办华新纱厂

光绪三十一年（1905年）三月，周学熙以私人名义向袁世凯上了一个呈文，清晰而有条理地指出了当今棉纱市场的局势。他指出自欧战以来，棉纱、棉布进口锐减，导致价格飞涨，偌大的华北却没有一家大型纺织厂。故为富国利民，可向政府商人借款兴办纱厂，一年后归还原款。袁世凯很快便批准了。但后来的很长一段时间，因袁世凯称帝等问题，周学熙为避险，离开了天津，导致建厂速度放慢。

1916年，段祺瑞当政后，准备将纱厂收回官办。此时的周学熙已彻底脱离政界，经与多人商议后，决定退回官股，并集资准备将纱厂完全改为商办。1918年，周学熙便在天津开办第一家华新纱厂并正式投产。因为当时棉花价格远远低于棉纱，所以当年即还本盈利。见此势头，周学熙立马在青岛开办了第二家纱厂，紧接着又在河南卫辉开办了第三家。

1918年9月，周学熙被新任总统徐世昌委任为“全国棉业督办”。在任职的三年期间，他为国家的棉业事业做出了不少贡献，如建立棉业公司，改良棉花产业；开办棉业传习所，培养纺织人才；改良棉田；等等。

（七）创办自来水公司

清朝末年，随着城市经济的繁荣发展，人口逐年增多，北京城内的用水和消防问题开始被重视。特别是春秋两季，气候干燥，常常发生火灾，通常因为没有水救火而导致损失巨大。光绪三十四年（1908年），为应对京城火灾频发事件，周学熙经袁世凯推荐，进京任京师自来水公司经理。上任后，他立即挑选富有实干精神又有真才实学的人，组成精干的工作班子，并亲自带领技术人员，进行勘察水源、选定厂址、设计水厂、筹备建立水塔、铺设管道等各项工作。最后，经过前前后后总共22个月的精心施工，终于在1910年年初，向北京城内的通衢小巷供水，其施工速度之快、工程效率之高、花费之节省，在当时都是绝无仅有的。当时北京人口25万户，一直靠井水生活。当时大街上到处都有以卖水为生的人，水厂的投入使用，也意味着他们要失业了。自来水公司经过深思熟虑，又为这些靠卖水为生的人安排工作，管理设在各处的水站，使之免于失业之苦，可谓用心良苦。

奏辦

京師自來水公司

此票以宣統二年五月初十日

爲限在此限內每銅元一枚售

憑票取水一挑

票四張無論何處街市龍頭皆

可取水如過期限即作爲廢紙

北京自来水厂　　　　京师自来水公司票据

可是如此便利的清水即使送到家门口，一些思想保守的人硬是不愿意用。他们认定自来水里面有杂质，还说里面有毒，喝了会死人，等等。周学熙还亲自撰文在报纸上进行宣传，向广大市民解释自来水不仅无毒无害，还具有井水没有的优点，并针对一些居民低价供水，甚至免费赠送。毕竟这是一件同人民生计有关的好事，况且自来水确实方便且干净，所以很快就被人们所接受。周学熙所建的水厂及铺设的管线，构成了北京市初期供水网的初步格局，其产水和供水设施在此后的五十年间都发挥了重要作用。

五、两任财政总长

辛亥革命后，百废待兴，当时南京临时政府的财政总长陈锦涛在财政上并没什么特殊建树。1912年7月，清朝退出历史舞台，袁世凯任民国大总统，民国政府迁到北京。袁世凯深知周学熙是个不可多得的人才，随即多次叫他来做官。但周学熙以“条举四因，不敢与闻政事”再三推辞，但均未获准。最后，周学熙不得已于8月份赶赴京城，就任财政总长兼税务署总办。从此，周学熙曾两任财政总长，为民国经济做出了突出贡献。

（一）整饬财政

1912年8月至1913年9月，周学熙在第一任财长期间，连续提出《财政意见书》《财政说明书》和《财政计划说帖》，针对民国初年财政混乱状况，提出了具体整顿的方针和原则。如刚上任一个月后，便在向国会报告财政方针时，提出“欲谋国库之充裕，必先谋民富之增加”的计划。其后，一边整顿财政，一边发展经济，在任职期间总共干了两件大事，整饬财政便是其中之一。

鉴于清朝末期财政混乱的局面，周学熙开始试图探索新的财政模式。

第一，改革税制，解决税制的划分。当时一切沿袭旧制，税制极为不合理，穷人纳税过重，而富人纳税则偏少。周学熙针对这种不合理现象，并参照西方和日本的税法，进行改革，使之尽量公平。另外，针对中央与地方税款权限不清、各省经常截留国家税款的现象，周学熙进行国家税款和地方税款的划分。同时为了抓住关税、盐税等国家收入，在各省设立了国税厅。由于税法改革的成功，第二年，国库便增收了500多万元的收入。

第二，推行新税。周学熙一改之前的生产税，积极提倡直接税，推选印花税、所得税、遗产税，并努力开辟其他新的税源。

第三，构建以中央银行为主的银行体系，建立金汇兑本位，并统一纸币发行。民国成立初期，各省财政枯竭，众多的私立银行各有各的纸币，从而导致没有一种纸币可以通行，国库不能统一。鉴于此，周学熙一方面收回各省的纸币，使新纸币的发行权集中在国家银行；另一方面不断完善国家银行，建立了国际汇兑时用金，国内用银币、纸币代替金的汇兑本位制度。

第四，做好财政各项预算，并实行财政说明书制度，讲述各项财政政策和经济政策。

第五，制订财政计划，内容包括税收和币制等，如在其草拟的《财政意见书》中，有筹划民生的建议；在《财政计划说帖》中，主张聘任专家、采取国家社会主义、实行计划经济、发展实业等。最后，也是最关键、最根本的措施，便是发展生产，增加国家收入。改革税制等措施，只是做到收税方法的合理化，更关键的却是增加税源，这才是治本的方法。所以周学熙提出积极开发和保护产业，保证从国家预算中提出十分之一资金，开发矿产、石油、铁路、纺织业等产业，以便增加国家收入。

（二）善后借款

民国初年，国体初定，国库一贫如洗。1912年，唐绍仪和熊希龄相继与外国银行谈判，试图贷款以缓解政府财政危机，但终因条件太苛刻，始终未谈成。周学熙接任财长后，当时中国积欠外国到期债款已达880万英镑之多，他清晰地认识到，若不及时还清这多笔借款，不但在国际上有失信用，而且一旦引起债权纠纷，将可能导致破产。而且，赔偿辛亥革命中外国商人的损失款及各省裁军费、中央行政费、军饷等，都需要钱。要应付这焦头烂额的局面，除了借债，便没有什么好办法了。于是，11月开始，新一轮的借款谈判又开始了。周学熙面对同样的困境，面对列强严苛的条件，委曲求全，忍气吞声，终于达成2500万英镑的借款。借款条件甚是烦琐复杂，不但指定了款项的用途，而且用款担保过于“沉重”，盐务和关税收入及冀、鲁、豫、苏四省的中央税款都成为担保，另外附带不少政治条件。正因如此，当借款提案送交国会时，引起了喧然大波，众人都以革命和爱国为诉求，指责周学熙的行为是卖国行为。周学熙在外面受气不说，回来还挨骂，心中委屈可以想象。

可悲的是，一切还没开始实施，宋教仁遇刺，二次革命爆发，周学熙成了众矢之的，他的一腔抱负只得化为泡影。

宋教仁遇刺后，国民党把怒火发泄到了借款谈判上面，指责这是“丧权辱国”。矛头虽然是对着袁世凯，但周学熙却成了替罪羊，他被迫辞职。算起来，他只做了9个月的财政总长。

（三）二次上台

二次革命后，政局一片混乱，袁世凯暂时获得军事和政治上的胜利，但国库却被战争掏空了，国家又陷入了财政危机，极度贫困。之前的财政计划都没来得及实施，就被突如其来的革命搁置了。这个时候，袁世凯又想到了周学熙，又想让他来为自己筹钱。然而周学熙有过一次经验，知道这个财长不是好当的，于是玩起了捉迷藏，总是躲着袁世凯。

1914年十一月十三日是周馥77岁寿辰，袁世凯早早派杨士琦把寿礼送到家中，其实主要目的是邀请周学熙进京就职财政总长。这一举动，吓得周学熙连夜出逃，先到了唐山察看启新洋灰和滦矿的生产，又跑到山海关葫芦岛转了一圈，足足半个多月才回家。但他前脚刚进门，就有人通风报信了，后面袁世凯的人就到了，周学熙百般推脱，但根本无力拒绝，最后只好同意任个财政顾问。1915年2月，周学熙奉周馥之命，赴京答谢袁世凯祝寿之美意，果不其然，正好被抓个正着。3月，周学熙迫于无奈，只好再度出任财政总长兼盐务署督办。

在其位谋其政，任职后，他立马进行了相关改革：整理田赋，整顿盐务，实行官督商销形式的烟酒公卖等；同时开办农工银行，鼓励生产，筹建华新纺织公司，开创民族工商业等。一时之间，经济有所好转。

但好景不长，袁世凯一度想要称帝，使得眼看着逐渐走上轨道的经济形势，又即将毁于混乱之中。身为财政总长的周学熙，力劝袁世凯不要称帝，说历史不可倒退，这是违背民意的事情。周学熙曾言："与其搞帝制而失败，曷若以'终身总统'而谋中国富强。"然而此时，袁世凯一意孤行，听不进去任何劝告。看清形势的周学熙只好避居北海，不与任何人来往，以明心迹。

历史不可倒退，袁世凯的春秋大梦注定失败。1916年4月，帝制撤销后，周学熙才得以回到天津家里。同年6月，袁世凯病死，黎元洪继任总统。此时的周学熙，彻底离开政界，专心自己的事业，实现自己的心愿。

第二节 退休后的生活

一、从事北方实业

自北京归来之后，周学熙继续主持启新洋灰公司、开滦矿务公司和京师自来水公司等实业，并积极兴办纺织工业。周学熙一直有一个“纺织梦”，早在光绪三十二年（1906年）他担任北洋工艺总局总办时，就提出兴办纺织工业是华北民生大事，并一直筹划在北方建立纺织厂，后来因故未能实现。1915年，周学熙再次担任财政总长时，正值一战期间，因为战争中断了棉纱的进口，这正好为中国提供了发展民族资本的纺纱工业的有利机遇。为此，周学熙授意九弟周学辉，联合启新洋灰公司和开滦矿务公司的大股东王锡彤（筱汀）、言敦源（仲远）、杨寿枘（味云）、李希明、孙多森（荫庭）、陈唯壬（一甫）、马献廷等十二人作为发起人，创建了华新纺织股份有限公司，大力发展民族纺织工业。1917年，周学熙辞官后，华新公司的股东收购官股，成立董事会，由周学熙担任董事长。该厂于1918年正式开工，当年就获利。

华新纱厂的建立为天津纺织工业奠定了基础。华新又先后在山东青岛、河北唐山、河南卫辉建厂，形成了华新公司四家纱厂。周学熙在短短6年时间内，连建4家纱厂，拥有纱锭105000枚，居北方纺织工业之首。同时，周学熙为了支持自己掌管的实业，开办了多种融资渠道，于1919年和1924年分别成立了中国实业银行和华新银行。

二、投身慈善

“今岁年近六十，精力就衰，时事又多变幻，卒非老朽所能周旋，依然辞去各大公司职务。”（周学熙日记）

“三月（1924年），辞卸各公司事务。夫四十之序，成功者退，余生平办理实业，全为贫民谋生计，为社会开风气，毫无个人权利思想，故每事办有成效，即行勇退决不系恋。惟股东每坚切挽留，率辞至再三，始克摆脱，毅然将现任各公司职务辞去，计有：中国实业银行总理，由龚仙训继任；滦矿正主任董事，由陈一甫继任；启新洋灰公司总理，由言仲远代理，加聘金伯屏邦平总经理，所以为公司计也。惟余华新银行、华新青厂两处仍留董事。”（《周止庵先生自叙年谱》）

1916年，50岁的周学熙彻底脱离政界，一心投身商界，全力主持华新公司。但当时军阀连年内战，国内一片混乱，商界自然也是。1924年3月，年近60的周学熙眼见国事日益衰败，政局变幻无常，又觉自己年纪渐长，精力着实有限，于是辞去自己在各大公司的各项职务，开始致力慈善及福利事业（主要集中在天津、北京和其家乡建德），以完成自己实业救国的志愿。

周学熙的慈善之心并非一朝一夕。早在光绪二十九年（1903年），那时的周学熙刚从日本考察归来，看到八国联军掠夺后的津门的大街小巷，处处都是灾民，处处惨不忍睹，挨饿且不说，许多年轻姑娘甚至为了一口饭而沦为妓女，失了名节。周学熙痛心疾首，于是和夫人刘氏暗下决定，决心重整天津“广仁堂”，设立工厂，教授谋生技术。工厂成立后，收养无家可归的妇女数百人，刘夫人根据她们的年龄和技术水平，将其分成若干班，分别教以缝纫、刺绣、织布等手艺，使那些濒临绝路的人又找到了出路。正式退隐以后，周学熙慨然于国事而不问，唯以济人利物为事，尤以家乡建德的生计为念。

晚年的周学熙

1917年，天津发生特大水灾，市区各大街道甚至居民住宅被淹，周学熙的住所也不例外。他全身心投入到救灾之中，利用自己的人脉和力量，调集启新、开滦的运输船不断运送灾民到唐山。同时向社会各界发起捐款，救济难民。

1920年，河北、山东、河南三省发生大旱，众多灾民聚集在天津。周学熙目睹大街上到处都是衣衫褴褛的乞讨者，许多村妇也沿街乞讨，怀中婴儿更是嗷嗷待哺。这一幕幕都让周学熙寝食难安，他不仅慷慨捐资开办粥厂，救活了无数饥民，更曾作诗《乞妇叹》一首，来表达自己对灾民的同情和悲悯。

乞妇叹

一食全倾卒岁资，今生无复翌朝期。

手牵儿女肝肠断，更忍婴孩索乳时。

1933年，北京的“赒社”成立，作为慈善总机关，周学熙对其时有捐助。1939年，周学熙捐助成立“恤嫠会”，向孤贫寡妇提供救济。同年，天津又发大水，年迈的周学熙还带领儿孙们，一起联络社会各界赈灾，救助灾民，其仁心天地可鉴。

1947年，周学熙即将去世的那年，本着“赤条条来，空荡荡去”的宗旨，将自己的房产悉数赠予赒社。去世后，整个周氏家族发扬周馥和周学熙的精神，集资30亿元，赠给北平“中和医院”，建了一所名为“诚惠楼”的病房，并将其收益当作免费床位的经费，以保障穷人也看得起病。

周学熙为家乡也做出了不可磨灭的贡献。光绪三十四年（1908年），周学熙在建德设立“周氏敬慈善堂”，作为以后经办各种慈善事业的总部。第二年，捐资兴办“农林公会”，“以治荒秽为劝民之初基”，开辟荒地20余亩，当作试验场，并以此为基地劝导乡民开荒，种植茶树、桐树。这一举措大大增加了乡民的收入，让大家过上了温饱的生活。1920

年，又开辟了“蚕桑试验场”，教给农民种植桑树、喂养蚕虫的知识。

1910年，周学熙见家乡医疗设施落后，人们得病后大多得不到救助，于是出资捐办“建德医院”和施诊所，使得每年近万名贫苦乡民可以看病就医，并得到治疗。周学熙还于1918年设立“医学传习所”，培养乡村医生，从根本上解决乡民“看病难”等问题。

1916年，周学熙在家乡创办“积谷所”，将多余的粮食储备起来，待到青黄不接时，用较低的价格卖给农民，不多收取费用，从而使乡民避免了高利贷商人的剥削。1921年，周学熙在家乡成立“乐济会”，面向乡民发放残、老、寡、婴四种抚恤金，以保障乡民的基本生活需求。

建德周氏一族十分重视教育，周学熙也不例外，他始终认为，欲提高国民素质，必须普及教育。他在家乡各区兴办义学，普及教育事业，还设立图书馆，以开民智。1934年，他更是把自己的230多亩土地悉数捐出，作为奖学金发给贫困学生。值得一提的是，周学熙热衷于教育事业的精神也无形中影响到了儿辈。1946年，周志辅、周志俊、周志和、周志厚等人也曾创办敬慈小学，开设国语、算术、自然、历史等各类课程，招收贫困学生，造福了一批又一批的孩子。那个年代，社会风气腐败，官宦之家、纨绔子弟过着纸醉金迷的生活，在这样的风气下，周学熙和周氏家族不仅能斥巨资兴办教育，而且始终保持着朴素的生活作风，实属难得。

可以说，周学熙在家乡的种种举措，真正做到了“使老有所终，壮有所用，幼有所长，矜、寡、孤、独、废疾者皆有所养”。然而好景不长，1928年，国民党政权取代北洋政府，登上历史舞台。此时，乡里有人告发周学熙是帝制余孽，不久后，政府将周氏在家乡兴建的各项福利和教育事业全部没收。建德医院被摧毁，“农林公会”和“周氏敬慈善堂”的雇员全部遣散，“积谷所”也被抢掠一空，图书馆的书籍被烧毁，学校的师生也被驱散回家，实属可惜。

三、教导后辈

除了投身慈善，周学熙还将大部分的精力放在教育子孙方面。因为年轻时的种种遭遇，晚年时，他时常感慨经商的不易和做人的艰难。因为见识过人心的黑暗，他也曾一度想找个偏僻的地方去建立一个闭门耕读的“世外桃源”。但这不过是他的一厢情愿，终究不是现实。他摆脱不了现实，现实也不曾允许他置身事外。但最起码周学熙还能独善其身，在自己的大家庭里面，创造一个符合儒家道德标准的“理想国”，以教育子孙后代为余生的志愿。

（一）组织“师古堂”读书会

夙承先德悫慎公庭训，宴经世才有为。

继承先绪，乃集群子弟于师古堂，延师讲授，月试课艺。

教其子弟背诗词论义粲然毕备，精心毅力，各竞所长。（均选自《周氏师古堂课选》）

周氏家族一直非常注重读书，早年周馥曾命周学海、周学铭、周学熙三人求学于大儒李慈铭门下。周学熙接管家族子弟教育后，自然继续秉承这一传统，他“夙承先德悫慎公庭训”，亲自编制“悫慎精舍”教育计划和《周孝友堂家塾幼学课程标准》。此外，他还制定了一系列的作息表，严格要求各房子弟每天早晨六点起床，晚上十点就寝。一天中主课四小时，正课两小时，辅课两小时，余课两小时。即使再忙再累，各子弟的主课和正课都不能不学。如此紧凑的作息表，足以看出周学熙对读书的重视程度。

1924年，本着“使本支子弟，借籍文字为观摩，所以增学问而振家风”的宗旨，周学熙在家族里组织了名为“师古堂”的读书会，寓意为取古为法、以古为师，地点设在河东周公祠。他以“大家长”的身份，亲自制定家塾课程标准和各项规章制度，并先后用重金聘请王武禄、武鹤翔、唐兰、张玉裁、赵元礼、朱士焕、俞寿沧、汪曾武等到师古堂讲学评阅，这些老师在民国20年前后都是大名鼎鼎的国学大师。同时，周学熙要求居住在北京、天津、唐山的40多名周氏子孙，不论职业、年龄、性别，每月必须参加两次读书活动，外孙、外戚等也可自愿参加，名为附课生。

参加听课的周氏子弟，在今存《周氏师古堂课选》名齿录上有记载：正课生第一名为周叔弢，其后有季木、明泰、志和、一良、绍良、骥良等男生20余名及周孝全等女生7名，甚至周学熙、周学渊、周学辉三位家长也前来听课。

1926年，师古堂开设三种“文课”，分为诗、文、字，采取月课制，每月两次。“字”课是练习以大小楷为主的毛笔字；“诗”“文”是由老师命题、学生选做、限期交卷的一门课程，即每次上课便发命题课卷，即使远方子弟也可根据上课意愿按次邮寄，课卷收齐后，再送请塾师轮流评阅批定，并按等级不同发放相对应的学习用品，以资鼓励。每届年终，师古堂会根据一年来的成绩再总评，发给年终纪念品。自1926年至1938年的12年间，每年一卷，共收诗705首、词5首、文249篇，积成巨帙。1939年，周家刊印成《周氏师古堂课选》四册。书前有塾师汪曾武、俞寿沧序文，课选的内容按照每年课卷的顺序编排，每卷以先诗后文为次序，每段诗文后都有塾师的评阅。

除此之外，周氏一族十分注重用诗书培其脉，周学熙也不例外。他十分注重对经典的学习，亲自规定了必须“熟读”“熟看”“熟讲”“熟查”的四类经典。他试图通过对经史的学习，使周家子弟“笃守程朱，孝友传家，忠厚诗礼，勤俭耕读”，以培养良好的家风。周学熙和五弟学渊、六弟学辉，以身作则，身体力行，亲自参加文课，和后辈们一起，每次上课都要上交自己的诗作一篇。其他子弟看到长辈如此，即使自己事务繁杂也不敢旷课和不交作业。

1930年，周学熙在北平寓所成立“师古堂刻书局”，秉承“取古人最纯正之书，博观约取。以子弟日力、精力所能及，读之可以淑身、可以淑世者为标准”的宗旨，自己承担全部费用，选刻家塾用的教材。在1930年至1936年的7年间，总计刻书50余种，包括经、史、子、集各类。1938年，师古堂增设“讲课”，每周日由桐城名儒马岵庭讲授诸如孝经、性理、古文等经典，持续时间近一年。

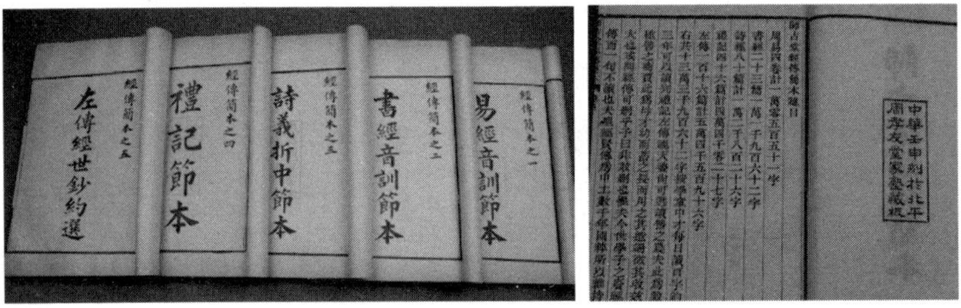

师古堂刻书书影

（二）留下《周学熙家语》

至德周氏，亦皖南之名族也。悫慎公笃信程朱之学，勋业岿然，为一代名臣。止庵尚书跐美前徽，宿德济望，海内宗仰。一门昆季，联华卫萼，人比诸窦桂、韩桐，其子孙皆砥品植学。循循礼法，有万石质行之风，余忝附葭末，因得稔知其家法，窃以为积善余庆，福流后昆，继继绳绳，昌炽未有文也。悫慎公所著《负暄闲语》，业已梓行问世，流播艺林。今志厚女夫又以《止庵家语》示余，盖尚书平日手书以告诫子侄者，语语平正切实，如道家常，而训词深厚，名理渊深，䌷绎之而不尽。体例与《聪训斋语》《负暄闲语》相似，而遭际世变，尤多忧危戒慎之词，读之如食谏果，味美于回；如饮醇醪，自然心醉。洵乎传家之宝训，涉世之良箴也。（杨寿枬）

周学熙晚年同父亲周馥一样，也为子孙留下了一笔宝贵的精神财富，那便是《周学熙家语》。《周学熙家语》原名《止庵家语》，后来经郝庆元、林纯业整理，分别于1990年和1991年发表在《近代史资料》总第77号和总第78号。

《周学熙家语》分上、下两卷，其中卷上录有周学熙致泰、焯、夔、恩四子的书信75则（《谕泰、焯、夔、恩四子》25则、《谕长子明泰》4则、《谕次子明焯》4则、《谕三子明夔》2则、《谕四子明恩》40则），卷下录有周学熙致七弟和九弟、众子侄的书信，以及所撰支祠条约、家规议案、教养章程等97则（《与七、九弟》3则、《谕众子侄》20则、《天津支祠规约》5则、《悫慎精舍稿》3则、《各种家规议案稿》6

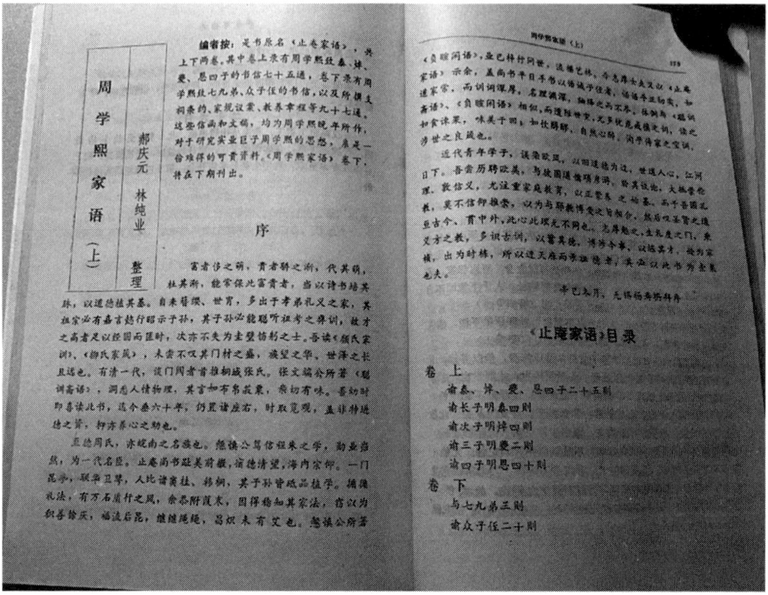

《周学熙家语》书影

则、《各种教养章程缘起稿》6则、《师古堂家刻书目简评》43则和《随笔》11则），内容十分丰富。

1.家语中的书信

周学熙写给儿子、弟弟和侄子们的书信，占据了《周学熙家语》的半壁江山。这些书信写于1923年至1941年间，涉及方方面面的教诫内容，如勤俭、理财、操守等，不过篇幅最多也最值得我们重视的，还是周学熙关于读书和为善的见解与感悟。

读书是《周学熙家语》里谈得最多的内容，足以看出周氏一族对读书的重视程度。周学熙认为世家子弟务必把读书作为第一要义，因为平民寒士没什么可以依赖，凡事必须靠自己，且他们中大多虚心勤苦，在经历磨炼后，往往也会有一番成就。而世人往往对世家子弟有着更高的期望和要求，若“胸无诗书，身无道德，自家不觉其语言无味、面目可憎，而人之见之者，早已心存菲薄，同侪谁肯指导，主管谁肯爱惜，其谨愿者不过指为饭囊，浮夸者更竟目为恶少”（《谕泰、焯、夔、恩四子》乙丑四）。同时，世家子弟往往因其家世等原因，不知不觉中自身带着一股娇惰，本身就讨人嫌了，如果再不读书，简直就没有任何立足之处了。再者，世家子弟也没有任何理由不读书。他们有人有钱，凭借殷实的家世，不为各种生活问题所困扰，即使生逢乱世，也有租界可以安身，美衣丰食，明窗净几，如此若不读书，那真的是“天地间之罪人”了。

周氏一族每一代都强调以诗书培其脉，以道德植其基。周乐鸣、周光德于周馥，周馥于周学熙，周学熙于众子侄，亦是如此，为的不过是读书敦品，保家亢宗。周学熙曾这样教育儿子们：“能读书，则一切外务不足以动其心。能敦品，则一切匪人不得以侈其习。夫然后可以立身，可以保家。若不读书敦品，则骄奢淫逸，放辟邪侈潜滋暗长，入于下流而不自觉，鲜有不覆败者。”（《谕泰、焯、夔、恩四子》癸亥一）他也曾告诫儿子们，若世家子弟“不勤苦于读书明理，作博文约礼为将来淑身淑世之功”，那便是辜负了自己的家庭。

既然要敦品，要淑身淑世，要振家声，最重要的便是以“旧道德”“旧经验”为根本，读“旧书”。所谓的“旧书”，即蕴含传统文化道德的各类书籍，如经书、格言、释典、蒙书、史书、文集等。在周学熙看来，旧书可以让人不忘本，立住脚。四子明恩留学国外时，周学熙曾写信道：“尔在外固以求新智识为务，而旧道德乃立身涉世之根本。苟心不忘于‘孝弟忠信、礼义廉耻’八字，则行止坐卧、吃饭穿衣以及燕喜游览、见人接物，无一时无一处而非学问，尔须体念此中真趣，方能真有所心得，即智识成为有用之智识。否则，智识愈新，人格愈失，世何取多此失人格之人耶？”（《谕四子明恩》己巳十五）周学熙始终认为，无论做人还是做事，首先要厚其根本，多读儒家经典。这一点在信中体现颇多，他要求子侄读的书目都是儒家经典，如《论语》《中庸》《学记》《孟子》等。同时，周学熙也在信中规定了明确的学习时间和简要的功课单，以督促子侄，并嘱咐子侄可根据自身情况确定学习内容。

周学熙还经常向子侄们分享自己的读书心得和方法。如他写给四个儿子的信里提道：“吕新吾先生《呻吟语》，说理显豁痛快，最可养心，最可去疾，宜置之案头，时常展玩。《聪训斋语》论世家子弟之处世为人，最亲切，最透彻，阅之可发深省，常自警惕，庶少放肆，不狎昵于匪人，然后可以知过，然后可以从善。《菜根谭》多明心见性语，阅之可以畅适天机，陶淑性情，胸中不为俗尘所汩没，性灵活泼，精神自爽。朱子《小学》嘉言懿行，语语纯正，为治心最切要之书。《近思录》广大精微，潜心玩味胸中自有一段义理涵养，久之气象自不同俗士，自无鄙吝之心、骄情之习，方不愧为读书人。”（《谕泰、焯、夔、恩四子》戊辰十四）周学熙还曾对四子明恩谈及读“四书”的心得，并分享给明恩读“四书”的方法：“尔须每晚饭后默诵一篇，即半卷，先玩白文，次看朱注。再将《四书反身录》参观，比较自家所悟义意孰浅孰深。如此用功，日日不间，周而复始终年如是，自今日起以至于老，决不虚一日，则尔修身处世自有把握，即读他书亦易得门径，易得纲领，不至茫然无得，此真实受用也。”这些读书方法都是周学熙多年的经验总结，放在现在仍不失其价值。

“天庥敬迓惟为善，祖泽延长在读书。”“欲高门第须为善，要好儿孙必读书。”为善和读书，可以说是周学熙一直强调的两个方面。在周学熙看来，如果说读书是为了培养自身德行、绵延世代家风的话，那么为善就是救济他人，去展示德行和弘扬家风。

周学熙在信中向子侄叙述了家教对自己从事慈善事业的影响。“我家历代祖宗，皆以忠厚慈善著称。祖父所捐办善举，如黉宫书院以及赈灾等事，不可枚举。祖母慈善，尤越寻常，每遇灾赈，至脱簪珥以济之，平日对亲疏族戚之周恤，以月以时以岁，皆亲自筹划，节衣缩食，施之惟恐不厚；居家刻刻以家乡山多生计维艰为念。”（《谕泰、焯、夔、恩四子》乙丑六）周学熙也提及了自己在家乡所办的农林积谷、学舍、医院、残老嫠婴恤款等场所，都是因为遵循了祖母的遗愿。父亲周馥也对他说过：“吾家累世忠厚积德，曾祖时家道中落，往往除夕无米为炊，故吾母生平最恤贫苦，推食解衣不遗余力，尝戒子孙勿自安乐而忘苦人。尔等应各自撙节，常留一部分余资，专行善事，以保祖荫而迓天庥。”（《谕泰、焯、夔、恩四子》乙亥十九）可见，家庭的影响，是周学熙一心兴办慈善事业的重要原因。

周学熙是著名实业家，但他兴办实业，追求财富，并不是为了享乐，而是为了用在更好的“刀刃”上，那便是“为善”。在他写给儿子的信中，他毫不掩饰地说：“我生平所办实业，皆以救济民生为主意，毫无自私谋利之心。如启新、滦矿，皆为挽回利权，时机所迫而成，非有成心也。华新纱厂，纯为贫民生活而设，绝非图利。”（《谕泰、焯、夔、恩四子》丙寅八）为了民生，为了劳苦大众，这是周学熙办实业的初衷，并且他要求他的子侄们也要如此。他在信中曾嘱托儿子们千万不要违背自己的为善之心，“曾文正公晚年始悟学问德行关乎天命，吾今更悟，即慈善早迟亦有天数，毋违我志”（《谕泰、焯、夔、恩四子》已卯二十四）。三子明夔曾在汉口私自投机生意且接连失败，周学熙得知后气愤去信说：“我生平办实业，全是以民生为念，且因时会机缘而成，丝毫无自私自利之心。尔辈乃全不知我素心，而竟以操奇计赢为箕裘，实大误矣。”（《谕三子明夔》丁卯一）

除了家教和民生，周学熙为善还有一个重要原因，那便是他的一颗忠厚仁人之心。“人惟有存心忠厚，励行善举，积慈祥恺恻之忱以体天心，或得消灾免难逢凶化吉。”（《谕泰、焯、夔、恩四子》丁丑二十三）“至家运之兴衰，子孙之贤愚，则视乎积德与否。吾辈今日所享受，乃祖宗积德之余荫，尔等如能守祖训，常存善念，多行善事，自有吉神拥护，随处皆为乐土。”（《谕泰、焯、夔、恩四子》庚辰二十五）在日本发动侵华战争后，周学熙感慨于人民在战后的饥寒交迫和妻离子散，便给儿子们去信，让其捐出钱财，以尽仁人之心，并说“天有好生之德，人能救一垂死之人，天必赐之以福，冥冥中自有神鉴也”（《谕泰、焯、夔、恩四子》戊辰十三）。

周学熙在信中用了大量文字来向儿子们述说自己所从事的慈善事业，其目的很简单，无非就是希望儿子们也能这样。他在信中曾嘱托儿子们一定要预留出做慈善的钱财，“尔等本房家用，应各自量从节省计划，每年确定预算，然后将每年收入照预算存储备用外，再按五成分配，以二成置不动产，田土为上，市房次之；二成存现金生息，切勿营商务；一成作慈善事业，如助赈等事。如此自奉，不至漫无限制，荒乱亦有准备，慈祥可以惜福，是三善也”（《谕泰、焯、夔、恩四子》戊辰十二）。“每年所入除家用外，以五分之一助赈。”（《谕泰、焯、夔、恩四子》戊辰十三）而且，当他年迈且深知自己无法从事大规模慈善事业时，便“将心中拟办之事粗示范围”交给儿子们，以便他们“随时相机、量力择人”而举。

2.家语中的其他部分

《周学熙家语》中除了给子侄们的大量书信，还涉及支祠条约、家规议案、教养章程等内容。

《天津支祠规约》5则，制定于1925年，是建德周氏在天津支祠的族规，分为《祀位》《祭祀》《掌手》《教养》《经费》五个部分。其中《祀位》讲祠堂供奉的神位和祭祀的对象；《祭祀》则谈祭祀时间、人员、祭品和祭法；《掌手》交代了支祠事务长和支祠董事的选举情况、阖族大会的召开日期和任务、本支每年丁口生殁、男女婚嫁和葬地的报告与登记、祠内工作人员及职责、祠中产业的管理和交接等；《教养》谈及了诸如管理藏书楼、设义塾等教育子孙的内容，此外也对子孙婚嫁和丧葬无力者的津贴、对子孙节妇和孤老残废无生计者的赡养、墓地的规制和祭扫、秋浦原籍的祭扫等事宜进行了简述；《经费》则专门谈各项费用的预算情况、现款的存放和支付事宜、进出款项的登记与核阅等。

《壸慎精舍稿》写于1926年，包括《学规》《绪论》和《书目举隅》三部分。《学规》确立了“立志、居敬、穷理、克己、亲贤和爱物”六事为“本舍教人之大纲”。《绪论》指出了壸慎精舍的特别之处，如专重自修

（普通学校有定课教授），实学为主（科举时代的书院以文字为主），尊重德行，注重培养舍生相互砥砺、劝善、规恶、质疑、辨难的能力。同时说明下面的《书目举隅》体现了精舍的教学宗旨，可为肄业者指明趋向。接着强调了朱熹“虚心涵泳，切己体察”的读书法。最后讲明精舍对“凡向学而来”之人，不设限制，来者不拒。《书目举隅》以“宗旨纯正、体用兼该者为主”为标准，列举了舍生的必读书目，并按要求将书目分为熟读书、熟看书、熟讲书和熟查书，同时按撰著时代分为古书和今书。

《各种家规议案稿》6则，作于1926年至1942年间。它是周学熙针对当时家族中出现的问题提出的解决办法，这也为家族将来制定家规提供了借鉴。周学熙在这6则议案稿中分别对以下六个问题发表了意见。第一，扶正（在嫡妻死后以妾为妻）之说不见于经传，不合先王礼节，当“永垂厉禁”。第二，子孙择业应以士农为本，工商为末，且子孙必须读经，必须有田产。若经营工商业，须先向本祠报告，而且明确提出了三条规定：不准做投机及无限事业，不准以堂名与人营业或借贷，不准为人作中、作保。若个人负债超过其资产，便与做无限事业同论。第三，凡男女小孩订亲、许字后，未成婚、过门而夭殇者，须将庚帖、聘礼退回，完全断绝婚姻关系。第四，强调家族主义是国家数千年礼教根本，要“重族姓”“以收族敬宗为重”，并制定了年节礼仪五条，“以昭睦谊”。第五，凡本支子孙后代，无论身在何处，但凡有家室，都应遵照家规，在堂中设祖先神位，供奉祭奠，“以昭诚敬”。第六，强调宗法和血统的重要性，不准异姓子入谱。如不得已而抱养，必须严加教育，成人后若“性情谨饬”，经“大众公议”后，方可入副谱。

《各种教养章程缘起稿》6则，作于1926年至1941年间。周学熙为家族子孙前途考虑，而试图制定六种家族教养章程，这里虽只是缘起文稿汇编，但处处透露着建德周氏对教育，尤其是对启蒙教育的重视。这六种章程分别是《蒙养班、文牍班课程》《周孝友堂家塾幼学课程标准》《孝友堂济贫口粮规则》《幼学应读之书课程》《家塾章程并分年课程》和《天津支祠奖学金规则》。

《师古堂家刻书目简评》43则，是对师古堂所刻的43本书的简要评议。简评有的以介绍内容为主，如《周悫慎公全集》《弟子箴言》等；有的指点阅读门径，如《七经精义纂要》《师古堂经传简本》等；有的论说读后效益，如《韩王二公遗事》《正续经世文萃》等。

《随笔》11则作于1938年，是周学熙在读书过程中的一些心得，内容大都关乎正心修身。每则长短不一，短的不过寥寥数十字，如“念念去人欲，存天理，自无纷扰之病”，长的也不过百余字。

《周学熙家语》是民国时期篇幅较长、涉及面较广的一部家训。它语言平实，情感真切，读此书时，我们或许根本看不出周学熙是一位受过近现代教育的知识分子。在书中，他强调的依然是儒家传统思想，俨然一副老夫子的形象。在杨寿枬写下的序中（近代青年学子，误染欧风，以旧道德为迂，世道人心，江河日下。吾尝历聘欧美，与彼国通儒硕彦游，聆其议论，大抵崇伦理、敦信义。而于吾国孔教，莫不信仰推崇，以为与耶教博爱之旨相合，然后叹圣贤之道亘古今、贯中外，此心此理无不同也），我们也不难看出，“中体西用”一直是周学熙思想的出发点。家语中一些言论，虽然在一定程度上有悖历史发展的趋势，但在历史走出这一特定的阶段之后，它的价值便会显露出来。

在周学熙的悉心呵护和教导下，多数子孙在各行各业做出了突出的成绩，在道德品行上也堪称模范。周学熙在弥留之际，曾为儿孙们做了一首诗，在反思自己一生的同时，也表达了自己对儿孙们最淳朴的期望，即多做善事多积德，传承忠厚的家风。全诗如下：

示儿最后诗

先公笃信程朱学，孝友传家忠厚存；
门祚兴衰原有自，愿儿诗礼教诸孙。
祖宗积德远功名，我被功名累一生；
但愿子孙还积德，闭门耕读继家声。

四、驾鹤西去

居士周氏，名学熙，字缉之，又字止庵，晚号松云居士，又号研耕老人，安徽至德人也。考两广总督，谥悫慎，清史有传。妣吴太夫人，性慈祥，奉佛茹斋四十余年。兄弟六人，居士第四，生而多疾，太夫人抚育教诲，劬劳倍至。幼习举子业，年近三十始博一第。继入仕途，历天津道、长芦盐运使、直隶按察使、农工商部丞参。值清室逊位，遵隆裕太后，内外大小臣工照旧供职之诏。两任民国财政总长，规画经年，库有余币，思有以富国裕民。然阻于异议，遂乞退居。士于往哲中，慕范文正之为人，尝以裨益民生为己任。生平举办洋灰、煤矿、纺织各公司，悉本斯旨。六十岁后，切卸去不问，惟继述悫慎公及吴太夫人志事，多为敬宗、收族、矜恤孤寒之举，心有余而力不足，兢兢以不能垂久为虑。又惧世泽之或替，裒集先人遗稿，约选古圣贤经籍，刊为家塾课本。其年愈老，其忧愈深，盖明知生为过客，而不忍坐视传舍之将倾也。噫！

生于同治四年十一月二十六日丑时，殁于民国某年月日，享年几十有几，葬于某处。配刘氏，贵池阁学公含芳长女，治家有法。子五，明泰、明焯、明夔、明恩，皆读书守家法，明谦早卒。女七，长适固始张璸，次适寿州孙多焌，最稚适四川胡光麃，余皆殇。居士性拙，无他长，惟持躬涉世，一矢以诚。生不作欺人之语，死不受谀墓之文，故自以为此志，以纪实云。铭曰：忧患如山兮，其甘如饴。与世落落兮，惟天不欺。生无所恋兮，死亦何悲。今而后还太虚兮，浩浩乎与天地无穷期！（周学熙自撰墓志铭）

周学熙的夫人刘温卿，是清末大臣刘含芳的女儿。夫妻二人相濡以沫60年，生四子七女，感情极深。1946年冬，刘夫人病逝于天津寓所。周学熙十分痛心，将爱妻葬于北平西郊，并在其墓旁预留出了自己的坟墓。次年，即1947年9月，周学熙病逝于北平，享年81岁。他虽富可敌国，但自奉甚俭，40年来戒绝荤腥，唇不沾酒。晚年更是将自己所有的皮衣卖出，以值救灾助赈，自己只以一件棉袄过冬。他在北平逝世后，许多普通市民感念到他的好，不禁痛哭流涕。

回顾周学熙的一生，充满机遇和艰险。初出茅庐时，正如同父亲周馥辅佐李鸿章而仕途通畅一样，周学熙借助袁世凯的倚重，也是步步升迁。周学熙在直隶新政期间，主持工艺总局，业绩突出，推动了天津近代工商业的发展。他开创了技术教育，大兴工艺之风。光绪三十年（1904年），

周学熙80岁时与夫人合影

周学熙署天津道，仍兼各局总办。次年，督办官银号，后又集资组建启新洋灰公司，努力收回开平煤矿，创办滦州煤矿。光绪三十三年（1907年）署直隶按察使。光绪三十四年（1908年）任农工商部丞参，同年创办京师自来水公司。民国建立以后，曾两度出任北洋政府财政总长，成为炙手可热的中枢大员。

周学熙虽然官运无比畅通，但其心愿和心力始终集中在振兴实业上。1915年，他第二次出任财政总长期间，授意其弟学辉集资组织华新纺织公司，相继在天津、青岛、唐山、卫辉建立了四个华新纱厂。1922年，在秦皇岛建立耀华玻璃公司。上述各个公司，在当时都是技术十分先进的企业，构成了北洋实业的主要支柱。同时，周学熙十分重视金融业对工业的支撑作用，先后创办了中国实业银行和华新银行，还组织了企业集团“实业总汇处”。周学熙一生呕心沥血，为天津乃至北方的近代工业做出了极大的贡献，是北方实业界的领军人物，与江苏南通的著名企业家张謇并称为“南张北周”。如果说周馥让建德周氏一族站了起来，那么周学熙便是让周氏家族富起来的那个人。

作为北方实业的奠基人，周学熙为北方民族工业的发展做出了前所未有的成绩。在退休后，他努力投身慈善，让很多人有了一技之长，也让很多人免受饥寒之苦，让年幼的孩子不至于目不识丁，死后更是将房产悉数捐出。这种大公无私的精神，也感染了子孙后代和世人。

晚年周学熙不仅投身慈善，更投身于家族教育，成立了师古堂，专门教育家族子孙，其成效不言而喻。周学熙循循善诱、身体力行，用实际行动影响了周氏后代。

第五章

藏书家周叔弢

第一节 儒商从政

一、周叔弢的父亲和兄弟

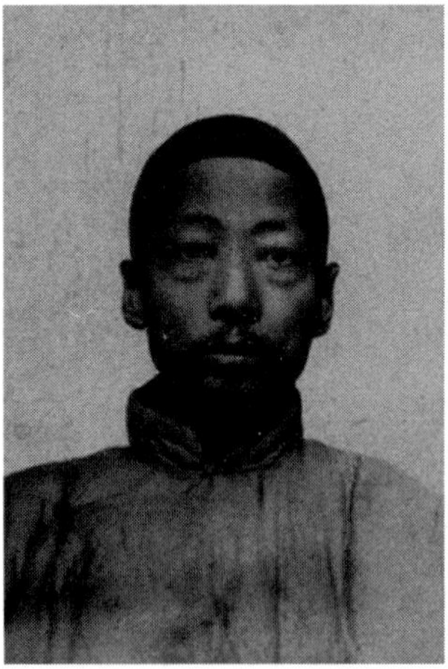

周学海

（一）父亲周学海

周叔弢的父亲周学海，字澂之，是周馥的长子。他生于咸丰五年（1855年），卒于光绪三十二年（1906年），年仅51岁。与四弟学熙不同，周学海早年潜心儒学，仕途十分顺通。光绪十四年（1888年），他中得举人。光绪十八年（1892年），他以三甲第三十九名进士及第，殿试得三甲第十九名，任职内阁中书，后官至浙江候补道。后来潜心医学，成为一代名医。

周学海在任内阁中书后，奉周馥之名，分发河南清江。后来，周馥考虑到家庭人口日增，生计越来越艰难，鉴于周学海是长兄，便嘱咐他回扬州照顾整个大家庭，不愿意他去远方做官，更不愿他进京为官，还告诉他说："官小易增历练，命若显达，不在此时暂屈也。"于是，周学海定居扬州。光绪二十三年（1897年），周学海署理河务同知（同知，为知府的副职，正五品，负责分掌地方盐、粮、捕盗、江防、海疆、河工、水利以及清理军籍、抚绥民夷等事务）。光绪二十八年（1902年），以道员分发江苏候补。他曾以盐运使名义，在泰兴掌管家族企业"泰合成"盐号。

周学海年少时体弱多病，和那个年代的许多人一样，他也吸食鸦片。他自小体质就差，一直认为鸦片是可以治疗疾病的，尤其是在止痛和提神方面。现代人当然都知道那不过是通过毒素的麻痹作用，缓解一时的病痛罢了。但是那个年代的人没有这样的知识，所以很多人沉迷于此。好在周学海只是把鸦片当作药物，定时定量像服药一般地吸上一两口，并不在烟榻上面消磨时间。

因为身体孱弱，周学海越来越意识到医术的重要性。30岁后，他立志学医。他本身就是很安静的人，不喜逢迎，淡泊名利，只爱读书，学起医术来自然是手到擒来。后来对脉理、药学研究十分深入，在圈内小有名气。通常，医术高明的医生和普通医生的区别正是体现在疑难杂症上，周学海亦是如此。他治一般的病和其他大夫或许没有多大区别，但遇到疑难病症时，便得心应手，尤其擅长治伤寒，还曾帮危在旦夕的四弟学熙捡回一条命。周学海去世后，留下了《周氏医学丛书》三集，初集是他校订的宋元医籍，其他都是其自撰或评注本，方便后人查阅相关资料，以便对症下药，对后世影响颇大。

周学海家有一间狭小简陋的书房，自己终年在里面读书、著述。周叔弢和其他几个兄弟姐妹都轻易不敢到父亲的书房去，怕打扰父亲。父亲这种好学不倦的习惯，对周叔弢这帮小辈们有极深的影响。

周学海有五子七女，五子分别为明达、明逵、明扬、明枏、明云。周叔弢排行第三。

（二）周叔弢的大哥——一代邮王周今觉

周今觉

周明达，后改名为达，字今觉，号美权，又号梅泉，以字行于世。他生于光绪五年（1879年），卒于1949年，享年70岁。周今觉是数学家、实业家和著名的集邮家。

周今觉自幼受到良好的教育，却始终无意科举，唯对数学极有兴趣。光绪二十六年（1900年），周今觉曾组织过一个数学研究团体——知新算社，后来他又创立中国数学会。辛亥革命后，他移居上海，投资房地产业和股票，同时积极研究他所热爱的数学。倘若他一直沿着这条路走下去，我国集邮界怕是会少一位开拓者。

周今觉有“邮票大王”的头衔，他邮品收藏之丰富、档次之高，邮学知识之渊博，使得这个头衔当之无愧。可以说，周今觉开创了中国集邮研究的许多领域，影响了中国集邮的进程。

周今觉收藏邮票纯属偶然。他的三子周炜良自幼体弱多病，有次因病在家休息，二子周煦良将自己收集的邮票给弟弟解闷。周今觉觉得不错，就跑去一家小店买来一包花花绿绿的外国邮票，让儿子在病中消磨时光。周炜良在整理邮票时，周今觉看到邮票上形形色色的图案和外国字，便为儿子讲解。不料如此一来，周今觉竟被这些邮票吸引了，又去买了一堆，从此一发不可收，自己走上了集邮之路。

不做则已，要做就要做出个样子，周今觉慢慢学习了许多集邮的知识和方法，从此几乎把集邮当作他的职业。周今觉在邮商区甘源的影响下，开始专门收集和研究中国邮票。因为财力丰厚，所以购买了很多珍品，后来还斥巨资购买了施开甲、勒夫雷司、费拉尔等人的邮集，使得流落在外国人手中的中国珍邮，很多都收入周今觉手中，这也使得他成为收藏中国邮票、商埠票、上海书信馆票和香港票最丰富的人。此外，他的收藏还兼集远东各地区的邮票，堪称世界一流。这其中最重要、最珍贵、最值得称道的藏品，是原费拉尔邮集中的“红印花小字一元”四方联，这是国宝级的文物，被称为东半球华邮之宝。除此之外，周今觉还收藏了万寿第二版新票连张全套、蟠龙无水印二元票加盖倒“中华民国”全张、“大龙票”等珍贵邮票。

周今觉自获得国宝“红印花小字一元”四方联后，被人称为“邮票大王”。他还不断地将对邮票的研究心得公布于众，曾在上海《晶报》发表随笔，在《邮乘》上发表《华邮图鉴》和《圆寿庐邮话》等，被世人称为“邮学家”。

在周今觉的集邮水平达到一定高度后，他认识到必须把大家组织起来，互相交流各种邮票知识，才能更上一层楼。于是在1924年，他参与发起改组了“海上邮界联欢会”。1925年，他又组织成立“中国邮票会”，并创办会刊《邮乘》。1930年，在德国举行的国际邮票展览上，周今觉被聘为名誉理事。1931年，他成为英国皇家邮票会的第一位中国会友。1933年，在维也纳的国际邮票展上，周今觉被聘为理事和陪审员，是中国第一人。

周今觉的集邮精神影响到了家人，次子周煦良、三子周炜良，还有七女周稚芙的儿子唐无忌及曾外孙唐承达都是著名的集邮家。

二、自小博览群书

周叔弢，原名明扬，后改为暹，字叔弢，以字行。1891年7月18日生于扬州。

他自幼体弱多病，5岁入家塾读书。周馥极为重视子孙的教育，所以从启蒙到少年时代，都是在家设私塾，以重金礼聘学者任教，以便为他们将来步入社会打下良好基础。家塾中以讲解“四书”“五经”为主，除此之外，还要学习《史记》《左传》和唐宋大家选文，要背诵唐宋诗词和学写诗词。写字也是每日必不可少的功课，要时常临帖，写大小楷毛笔字，周家明字辈的人都能写得一手好字，想必是家塾严格要求的结果。由于家塾的严格训练，周叔弢的古文、诗词功底都非常深厚，十分喜欢文字训诂之学。同时，周家的家塾还要学习英文，以应对未来大的趋势。通过一段时间的英文学习，周叔弢已经可以看英文小说，翻译英文文章。在南京时，他曾入过新式学堂，并考取了上海圣约翰大学，但因肺病未去报到。中学为体、西学为用，这是周氏家塾的宗旨，虽和他们当时所处时代有关，但也看出周家人在洋务运动下积极进取的思想。周叔弢就是在祖父和父亲教育熏陶下，潜心向学，走过了他的少年时代，这也使他在青年时代具有一个优于常人的特点，就是能主动地接受新事物和新知识。

虽然家塾的课程安排很是紧凑，但还是不能满足周叔弢的求知欲望，他经常自己到辕门桥的三家书肆去淘书，无论是古文、现代杂文，还是翻译过来的《天演论》等国外作品，只要是石印的廉价书，一元钱以下的书，他都买来读。如周叔弢自己所说，那时是“胡乱读书”。祖父周馥喜欢看到孙子们读书，父亲更是从不干涉孩子们看闲书，因此，他的课余乐趣就完全沉浸在书海里，看了许多以旧时眼光看来属于闲书的一类书，从中得到了许多从不知道的知识，着实开阔了眼界，也因此养成了爱读书的好习惯。众所周知，幼年时养成的习惯对一个人终生的影响非常大，所以周叔弢一生爱读书也爱搜集书。

光绪三十二年（1906年），父亲周学海去世。周学海生前将家产分为六份，其遗孀和五个儿子各得其一，每人5万元。虽然当时周叔弢只有15岁，可能这个年纪的孩子并

年轻时期的周叔弢

不知道如何处理这笔巨款才更有意义，但一向爱书的周叔弢首先想到的就是买书。他之前只是买一些不足一元的石印本，贵一点的书便不敢问津。而这时，自己终于可以大大方方地买书了，这也为他养成买书、藏书的嗜好奠定了基础。

父亲去世4年后，母亲徐夫人也去世了。周叔弢本可以接管“泰合成”盐号，做个无所事事的乡绅，但他志不在此，不愿做个锱铢必较的盐商，他有自己的想法。

随着时代激烈的动荡，老宅风流云散，周家兄弟们各奔东西，周叔弢也不愿意继续留在闭塞的扬州，更不愿去经营那继承下来的盐业。于是，在1911年辛亥革命后，周叔弢憧憬未来，怀着愿望，离开他生活了21年的扬州，随祖父周馥避居青岛。在青岛，他结识了德国牧师卫礼贤（1873—1930）。卫礼贤本想利用基督教来“拯救”中国人，结果不仅没有接收到一个基督徒，自己反被中国孔孟之道和先秦诸子学说所征服，给自己取了个中国名字（卫希圣，字礼贤），还在青岛办了个“礼贤书院”，开始了他沟通中西文化的事业。他在中国学者劳乃宣的帮助下，积极向德国介绍中国古代哲学思想，并把中国一些重要哲学著作译成德文，传到西方，一直被西方汉学家奉为准则。周叔弢曾向卫礼贤学习德语，并在其指导下，接触到了德国古典哲学家康德的著作。二人各取所长，合作翻译了康德的《康德人心能力论》，在1914年由商务印书馆出版发行。他们原本计划再合作翻译《康德论》和《纯粹理性批判》二书，却因第一次世界大战爆发，卫礼贤作为德国人被遣返回国而作罢。可以说，周叔弢是中国第一个用中文翻译康德著作的人。

不久，周叔弢迁到济南，做了萧应椿的女婿。萧应椿原籍昆明，其父萧培元，咸丰二年（1852年）进士，入翰林，曾任济南知府，参与过治理黄河工程。萧应椿，字邵庭，在光绪二十九年（1903年）的经济特科考中二等第七名。曾任职山东农工商务局、山东大学堂总监，辛亥革命后，不仕民国，避居青岛，后定居于济南。萧应椿的女儿萧琬，也就是周叔弢的第一个妻子，她的文化根底极深，写得一手娟秀的小楷，还曾经接受过西方教育。但红颜薄命，萧琬在1913年生下周一良后患急病去世。

三、经营华新四纱厂

> 用前购沧口德人丝厂旧址为基础，募集股款，添置厂舍，订购机器，是为华新青厂。开办时，由暹侄、焯儿随余办理，逾年开机，由暹侄管理厂中工作，焯儿佐之。后暹侄另就他厂事，由焯儿一人经营，余任专董，司其大纲而已。（《周止庵先生自叙年谱》）

1914年，周叔弢北上去了天津，走上了四叔周学熙所创办的实业道路。

当时，正值周学熙筹建华新天津纱厂。同年七月，北京成立筹安会，袁世凯企图恢复帝制，周学熙坚决采取不合作态度，上书劝阻其称帝，却被软禁起来，遂使建厂工作搁浅。1917年，徐世昌任大总统后，周学熙已彻底脱离政界，专心致力实业，撤销督办，完全改为商办，建立了天津纱厂。1918年，天津纱厂正式开工生产，当年即有盈利，股东红利极其丰厚。纱厂的蓬勃发展，让人皆知投资有利，于是广招新股，又开始青岛纱厂的建设。

1918年，华新纺织公司青岛纱厂常务董事在专务董事周学熙的领导和支持下，参加了建厂和经营管理工作。周叔弢并未学过纺织工业，更非企业管理专业毕业，但他办事极为认真。从国外买来的机器到货后，他不顾体弱，亲自参加验收、组装，直到运行生产。因此，当全厂的机器安装完毕还未投入生产时，周叔弢已经对生产过程了如指掌，对生产工人熟悉大半，在经营管理上早已心中有数。可见，他在步入实业之始，就已经展现出他在企业管理方面的卓越才干。

之后，周叔弢参与了华新公司在天津、青岛、唐山和卫辉的四个厂的管理工作。那时工厂里面总是面临着各种各样的问题和挑战，如争权问题、认股问题、人选问题等。周叔弢认真负责，出自公心，锐意改革，选贤任能，重视技术和知识，终于将工厂的生产和管理纳入正轨。如在唐山华新纱厂任职期间，周叔弢共置办织布机505台、纺纱机26800锭、合股机千锭，年产棉布30多万码、棉纱22600包，职工也增加到2200余人，使其成为华北继青岛华新纱厂之后第二个纺织染全能厂。这些成绩的取得，都显示出了周叔弢不可多得的努力和才干。

然而，在此期间，纱厂总会遇到日本人各种各样的刁难。例如青岛华新纱厂从一开始就处于与日商残酷的竞争之中。1918年，周叔弢主持筹建青岛华新纱厂时，日本人得知此举后，就加紧兴建属于自己的棉纱厂，并赶在华新纱厂投产之前率先投产，此后也处处打压华新。后来日本人又增建新厂，形成了对华新的包围。身处其中的周叔弢，怀揣着一颗爱国之心，殚精竭虑，战战兢兢，从不曾放弃抗争，终于使纱厂在青岛站稳了脚跟。此后，他又参与了卫辉纱厂和唐山纱厂的创建组织工作。

正当华北纺织业能与南方同行企业的厂家并驾齐驱时，却发生了日军侵华事件。1933年，日军占领华北地区，并推出由汉奸殷汝耕成立的伪冀东防共自治政府。日本人早就有独霸世界纺织业的野心，侵华后便对中国的民族纺织业采取了种种破坏侵吞手段。针对唐山华新纱厂，日方先是要低价收买，在被以周叔弢为首的董事会婉言拒绝后，提出以“合作”方式入股，并用“不合作即不能保证工厂安全生产”相威胁。周叔弢置之不理，故意拖延，甚至暂回天津，居家暂避。但日本人是不会善罢甘休的，为了逼华新屈服，便采用高额统税的方式，于是华新在天津和唐山的双重税收压力下，致使经济陷于困境。最后纱厂无路可走，在向政府和社会各界求助无果后，被迫同意了日本人提出的收买15%股权和掌握经营管理权的强盗要求。周叔弢得到通知后，富有爱国心、注重民族气节的他，毅然拒绝与日本人合作，辞去了总经理职务，满怀遗憾地返回天津。后来，日方考虑到他在工商业界的威望，多次请其出山均遭拒绝。

诚然，除了华新，整个外部大环境也面临日军的侵略。1931年，继九一八事变之后，日本军国主义加紧对华北的侵略，经济方面的渗透更是无所不用其极。他们在华北、冀东一带大量低价倾销棉纱棉布，以挤占中方原有市场；同进，针对大型纱厂，他们分别采取“收买”“合作”“入股”等办法，以达到吞并目的。天津纺织业在这种严峻形势下，既要应付日本的倾销，稳定市场，又要维持生产，可谓难上加难。本来天津纺织业将希望寄托在国民党政府身上，但终究事与愿违，腐败的国民党政府并不支持民族工业，甚至与日伪政权双重征税。最终，天津纺织业几乎陷于万劫不复的地步。“覆巢之下，岂有完卵。”在日本人的强大压力之下，

1936年8月，天津华新纱厂以120万元的价格售与日商钟渊纺织株式会社。同年冬天，其他三个纱厂也都或卖或合并于日商。

周学熙创办的华新四纱厂，周叔弢在不同时期都担任过这四个厂的重要职务。自1918年、1921年、1925年、1928年分别到青厂、卫厂、唐厂、津厂，他都尽力做了很多事情，也经历了各厂的风风雨雨。他奉命于危难之际，多次救纱厂于水火之中；他不避亲不避嫌，选贤举能，敢于直言；他实地勘查，重视技术，任劳任怨，平易近人，以德服人。工作困苦没有难倒他，派系之争也没有吓倒他，但日本军国主义的压迫，却使他无力抵抗；国民党政府的昏庸腐朽，更让他心灰意冷。多年的心血毁于一旦，成为周叔弢一生中遗憾最深的往事。

四、从启新洋灰公司到从政

（一）经营启新洋灰公司

1937年至1944年间，周叔弢在天津闲居，事业举步维艰，虽说仍担任启新洋灰公司的董监事职务，看似吃喝不愁，但由于当时货币贬值，物价飞涨，即使是董监事也没什么钱。在最困难的时候，周叔弢“唯求洁身自好而已”，不得不变卖股票和藏书维持生活，直到盼来抗战胜利。

启新洋灰公司创办于光绪三十二年（1906年），是当时华北名列第一的民办工业，对周学熙的其他实业起到了支柱作用。启新的大股东主要分为两个派系：一派是以周学熙为中心的安徽派，一派是以袁氏为中心的河南派。安徽派的主要成员除周学辉、周叔弢外，还有陈一甫、孙多森等；河南派的主要成员除袁克桓（袁世凯六子）、袁克轸（袁世凯八子、周学

启新同人合影（前排左一周学辉，中间陈一甫，三排左一周叔弢，左二袁克桓，左四袁克久，左六陈范有）

熙妹夫）、袁克玖（袁世凯九子）外，还有王锡彤、王仲刘等。虽然他们之间非亲即友，但在董事会争权中却互不相让；虽然他们可以团结起来，一致维护启新，但派系之间的斗争也十分尖锐。

1943年，河南派的王仲刘去世，为增强本派力量，安徽派的协理陈范有鼓动周叔弢去竞选董事。周叔弢于1944年向袁克桓毛遂自荐要当董事，袁克桓只好同意他进入董事会，但没有给他协理的职位。直到1945年7月，周叔弢才成为协理。8月，抗战胜利。12月，袁克桓辞去总理职务，由周叔弢担任总理。

1946年，腐败的国民党政府派出大批的“接收大员”，抢夺敌伪财产，趁机发国难财。启新洋灰公司在历尽日本军国主义的践踏之后，尚未恢复元气，再一次遭遇到意外的磨难。经济部特派员来唐山接收，指责启新有资敌行为，要求必须改组董事会。启新怕被扣上经济汉奸罪名，同意改组。国民党政府行政院长翁文灏推荐姒南笙任副总经理，协助总理周叔弢工作，并改名为总经理和副总经理。

改组之后，周叔弢针对启新存在的种种问题，提出了整顿意见，涉及用人、技术、产品质量、企业规章制度等方面，鞭辟入里，展现出了周叔弢先进的企业管理经验。

1947年，国民党反动派倒行逆施，全面内战爆发，东北各大中城市沦为战场，启新洋灰在东北市场滞销。国民党政府又允许美国军用剩余水泥免税进口，致使启新在江南一带的销路也被堵死。产品积压，散灰满仓，生产趋于瘫痪，以致公司入不敷出，员工的工资都发不下来。就在此时，国民党政府又改革货币，发行“金圆券”，掠夺人民资产，终于丧尽人心，自取灭亡。

（二）走向政界

1948年，周叔弢的堂侄周骥良从上海来到天津，住在其兄周骏良家中。此时的周骥良已经是共产党的地下工作者，他经常和叔叔周叔弢聊天，并时常带一些共产党的出版物供其阅读。周叔弢通过学习，逐渐明朗了当前形势，也了解到中国共产党的各项政策，开始在天津解放的过程中努力稳定社会秩序，稳定天津工商界知名人士的情绪，很自然地和众人一起，迎接新政权。

抗战胜利后，天津工商界有个“三五俱乐部”，每周五开放，参加者都是工商界有头有脸的大人物。周叔弢时常参加，并把一些当前的形势和中国共产党关于城市工商业的政策分享给大家，在一定程度上起到了稳定天津工商界秩序、等待解放的积极作用。

1949年1月15日，天津解放。周叔弢也收到了唐山传来的喜讯：启新在唐山市军管会的大力帮助下，全厂生产设备分期分批进行全面检修，逐步恢复生产。周叔弢深喜启新获得新生，复工在即，如释重负。解放军进入天津市后，某部首长曾暂住在周叔弢家中，周叔弢曾和他做过交谈，整个过程非常融洽。后来，周叔弢见到周骏良时，谈起此事，一直夸赞："解放军真了不起，平易近人，毫无官气。"

1949年4月，刘少奇来天津视察，参加了为其安排的和天津工业界知名人士的座谈会。在会上，刘少奇贯彻党的七届二中全会精神，传达了中国共产党对私营工商业的政策，对周叔弢等人为发展民族工业所做的努力予以极大的肯定，并鼓励他们继续多办工厂，为繁荣经济再接再厉。周叔弢及参会者都受到了极大的鼓舞。

1949年9月，周叔弢当选为中国人民政治协商会议全国委员会常务委员。1950年，已经59岁的周叔弢当选为天津市第一任党外副市长，走上从政之路。周叔弢由于花甲之年从政，深恐辜负人民和党的信任，所以他时刻严格要求自己，虚心学习，认真工作，严格按政策办事，在任期间十六年如一日，为天津的建设做出了贡献，受到人民群众的尊敬。

周叔弢担任副市长初期，同时还担任启新洋灰公司总经理职务。在他领导下，启新也有了较大变化。他对一些不合理的、跟不上时代潮流的制度进行了改革，如按生产性质划分车间，改两班制为三班制，在工厂内成立职工医院、职工学校、职工宿舍等福利部门，受到职工们的欢迎。启新的成功，不仅赢得了职工的拥护，也博得了同行的钦佩，在私营工商业中起到了模范带头作用。

1950年5月8日至26日，中财委召开全国七大城市工商局长会议，讨论和研究物价稳定后出现市场萧条、私营工商业大批停工歇业的原因和解决的办法，周叔弢以主管工商工作的天津市副市长身份参加。他曾回忆当时情景：

> 有一天，毛主席在中南海住所单独接见我，手中拿着我在会上的发言稿，非常亲切地垂询天津市工商业的情况，并对我做了极为重要的提示，希望教育工商业者在党的领导下，努力学习，走社会主义道路。当我告辞的时候，毛主席一直把我送到大门口，因为我的座车还没有来接我，毛主席亲自派秘书用他自己的车子送我回到寓所。

1954年，党的社会主义过渡时期总路线公布，周叔弢衷心拥护，率先提出将启新洋灰公司实行公私合营，比全国的公私合营运动还要早两年，在私营工商业者接受社会主义改造的大潮中起到了示范带头作用。当时国家对私营工商业者实行赎买政策，周叔弢便主动提出放弃定息。

（三）会见邓小平

改革开放没多久，1979年1月16日下午，胡厥文、胡子昂、荣毅仁、古耕虞、周叔弢五位工商业者同时接到通知：邓小平明天要会见他们。这个消息让他们五个人十分激动。傍晚，他们约在胡厥文家中，一起商讨明天的见面谈话内容，畅谈国事家事，交流心得感想，古耕虞还连夜起草了两份建议。

1月17日上午10点整，寒冬下的人民大会堂内暖意融融，邓小平如约出现，与他们五人见面了。会议主要针对如何搞好社会主义现代化建设这个主题，邓小平讲道，党的十一届三中全会决定把工作重点转移到社会主义现代化建设上来。因为之前耽误的时间太久，所以现在必须搞快点。但是如何做到既要搞得快，又要不犯1958年的错误，这是个必须解决的问题。邓小平还提出，现在搞建设，门路必须要多，比如可以利用外国的资金和技术，华侨、华裔也可以回来办工厂。吸收外资可以采取补偿贸易的办法，也可以搞合营，先选择资金周转快的行业做起。邓小平还强调要发挥原工商业者的作用，摘掉资本家的帽子，抓住有真才实学的人。总之，钱要用起来，人也要用起来。

油画：1979年的春天（邓小平请工商界五老吃火锅）

会谈中，大家你一言，我一语，互相敞开心扉，坦诚相见，气氛十分融洽。不知不觉很快就到了午饭时间，邓小平招呼大家一起吃火锅。吃饭期间，古耕虞将关于搞好外贸工作的一份建议交给了小平同志。

新时期的工商界与党是“同心相知，同志相从”的。五位老人经过认真考虑，各自开始了立足个人实际的工作，来回报邓小平同志的信任和嘱托。据不完全统计，在短短3年时间内，工商界在自身尚在恢复的情况下，自办、合办、协办了3300多家集体企业，为9万多名待业青年解决了工作问题。此时的周叔弢已经88岁了，是五老中年龄最大的一位。由于年事已高，他本不打算再担任企业的职务了，但天津工商界为贯彻小平同志的指示，筹备成立了国际信托投资公司，并诚挚地邀请他担任董事长时，他还是欣然同意了。

1981年，周叔弢去北京开会，受到领导同志接见。回津后，90岁高龄的他不再担任天津市副市长职务，但仍担任全国人民代表大会常务委员会委员、全国工商联合会副主席、天津市人民代表大会常务委员会副主任委员、天津市工商业联合会主任委员和新成立的天津市国际信托投资公司董事长等职务。

令人感动的是，这位耄耋老人，虽不再担任行政职务，但仍积极参加人大和工商联的各项工作。他认真参加会议，并时常发表自己的意见和建议。他经常不辞辛苦，亲临生产建设第一线，视察工业生产、市政建设及农村落实家庭联产承包责任制的情况，并提出积极建议。每当天津建设取得新成就，如引滦入津工程、兴建立交桥和建成海河公园等，周叔弢都不顾年迈路远，总要亲自去看看这些工程。有次他欣慰地说：“照这样同心协力、艰苦奋斗、脚踏实地干下去，中华振兴，大有希望！”

（四）驾鹤西去

周叔弢生活有节，身子骨一直算是硬朗，几次患病，也都在党和人民政府关怀下，在医生精心治疗和家人细心照顾下，转危为安。有次他得了白内障，但仍然坚持读书、看报，一直未曾放下学习。1982年10月，周叔弢就以改革者的气魄，亲笔写下遗嘱，叮嘱身后不办丧事，不留骨灰。对

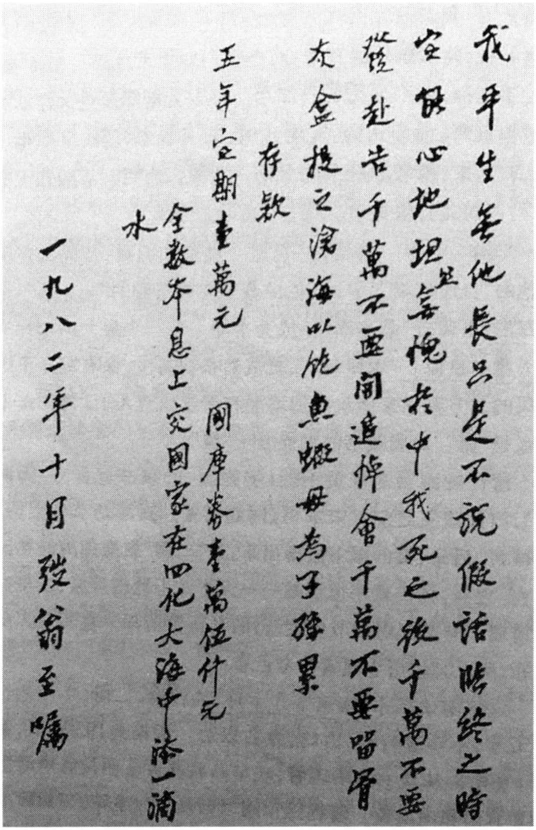
我平生無他長只是不說假話臨終之時
空缺心地坦然無愧於中我死之後千萬不要
發赴告千萬不要開追悼會千萬不要留骨
灰盒投之滄海以飽魚蝦毋為子孫累
存款
五年定期壹萬元
周庠蓉壹萬伍仟元
全數本息上交國家在四化大海中添一滴
水
一九八二年十月 弢翁 至囑

周叔弢遗嘱

于为数不算多的存款，全部上交国家，最后为经济建设出一点力。

1983年6月，周叔弢任全国政治协商会议常务委员会副主席。同年11月，他去北京参加全国工商业联合会“五大”，针对推动“四化”提了许多建设性意见。回津后，周叔弢发现脚腿肿胀且多日未消，于是住院治疗。起初，周叔弢神智清醒，卧在床上仍能与探视人做简短交谈，但后来病情逐渐恶化，脉搏呈现异常，呼吸困难，于1984年2月14日凌晨，溘然长逝，终年93岁。“千秋万世名，寂寞身后事”，周叔弢就这样走完了他93年人生历程，完满地告别人世。

1984年2月29日上午10时45分，在市政府派专人护送下，在渤海湾灯塔附近，周叔弢的子女一良、珏良、民良、以良、治良、景良、珣良、与良、耦良（杲良在国外未能赶回）将父亲周叔弢的骨灰投入大海。与此同时，汽笛长鸣，轮船在投放骨灰海域绕行三周，以悼念这位忠诚的爱国主义者、中国共产党的亲密朋友——周叔弢同志。

第二节 津门藏书家

独于古书秘籍则深嗜笃好，专精求索，若疾病之待药饵而饥渴之思食饮也。旅津二十年，殖业余闲，无日不以访书为事。厂肆之人，苕舟之估，麇集其门；内而天府馆库之旧储，外而南北故家所散佚，珍异纷罗，供其采择。由是频岁所收宋元古椠殆百帙，名钞精校亦称是声光腾焯，崛起北方。（傅增湘：《周君叔弢勘书图序》）

周叔弢先生是著名实业家，他发展实业、从政报国，但他藏书家之名远远超过其实业家之名。他一生中最辉煌的事业就是搜集善本书籍和金石文物了。

周叔弢可谓用尽一生的精力和财力去搜求古籍，尤以古版本、秘本、绝本、善本图书为精为富，被国内外藏书家所仰慕。他所收藏的善本书籍是继承了清朝乾嘉以来季振宜（号沧苇）、黄丕烈（号荛圃）等藏书家的传统，着重宋、元、明刻本和精抄、精校本。在北方，他的“自庄严堪”和李盛铎（号木斋）的“木犀轩”、傅增湘（字沅叔）的“双鉴楼”齐名，成为平津一带三个最大的宋元本私人藏书重镇之一。不过，“木犀轩”于抗战后易主，保有乾嘉正统遗风的北方藏书家就只有傅增湘和周叔弢两人了。

周叔弢的收书、藏书爱好源于青少年时代。那个时候，他的书有两个来源：一是每逢家塾放假时，他便去淘书；另一个是在南京候补的父亲每月回家一次，总要带回来一些书。他那时“胡乱读书”，从中知道了许多自己从来不曾知道的事情，获得许多过去从未知晓的知识，兴趣大增，因此养成了爱读书的习惯，有了手不释卷的劲头。

有次，他淘到了张之洞的《书目问答》，这是张之洞在四川任学政时委托缪荃荪为成都尊经书院学生开列的阅读书目。他看过之后，在感慨祖国古籍遗产之丰富的同时，也从张之洞关于版本的简单说明中，学习到了关于古籍善本的粗浅知识。后来，他又购得日本出版的莫友芝所著的《亭知见传本书目》，从中进一步懂得了许多宋、元、明刻本和旧抄本的优劣及如何鉴识善本书的知识，引起了他对善本书和版本学的极大兴趣。

1914年，周叔弢北上来到天津。1917年年底，张勋复辟失败，钱粮被断的废清廷只好抛售书库。周叔弢廉价买到清代皇家书库“天禄琳琅”旧藏的宋刻本《寒山子诗集》和《诸史提要》。据傅增湘的说法和鉴定，宋刻本的《寒山子诗集》当代仅存两部，另一部藏于日本宫内厅图书寮，但周叔弢所得的这部不仅内容齐全，而且刊行时间要更早。此书原由清宫收藏，上有“天禄琳琅”“乾隆御览之宝”“五福五代堂宝”等玺印。周叔弢初涉书林，便得此珍贵善本，欣喜若狂，于是将自己的书斋命名为“拾寒堂”（后改为“寒在堂”），以作纪念。这是他收藏宋本书的开始。

后来，他多次将书斋易名，都是因为自己的藏书。收得两部宋本《南华真经注》，他便将书斋改名为“双南华馆”；收得《稼轩长短句》及《东坡乐府》两部元本，书斋又被改名为“东稼草堂”；收得宋刻本《王摩诘文集》，又更名为“半雨楼”；收得元本《孝经》，又称“孝经一卷人家”；等等。不过，周叔弢最常用的斋名是“自庄严堪”，取自《楞严经》中“自得心开，香光庄严”，意为积累功德以装点自己。

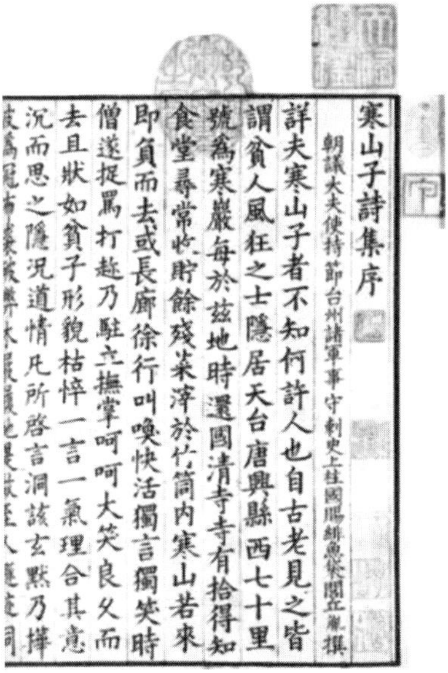

寒山子詩集序

朝議大夫使持節台州諸軍事守刺史上柱國賜緋魚袋閭丘胤撰

詳夫寒山子者不知何許人也自古老見之皆謂貧人風狂之士隱居天台唐興縣西七十里號爲寒巖每於茲地時還國清寺寺有拾得知食堂尋常收貯餘殘菜滓於竹筒内寒山若來即負而去或長廊徐行叫喚快活獨言獨笑時僧遂捉罵打趁乃駐立撫掌呵呵大笑良久而去且狀如貧子形貌枯悴一言一氣理合其意沉而思之隱況道情凡所啓言洞該玄默乃樺皮爲冠布裘破弊木屐履地是故至人遯迹同

周叔弢所藏《寒山子诗集》

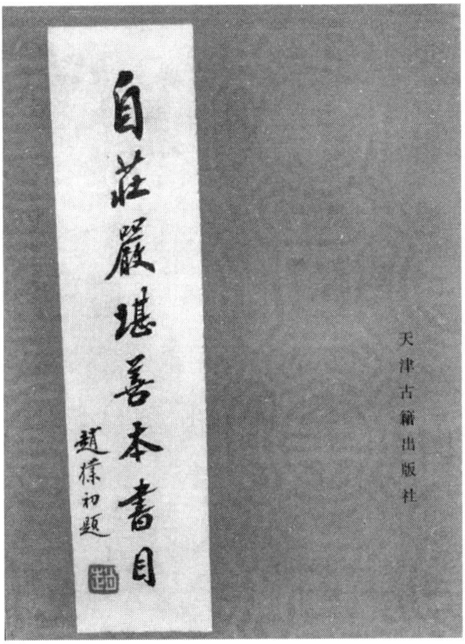

《自庄严堪善本书目》

一、爱书人周叔弢

（一）爱书的表现之一：重金购书

人生几何，好书难遇。周叔弢爱书的一大表现便是不惜重金去购得喜爱之书。周叔弢一直认为钱财在书面前，根本不算什么。他十分喜欢宋代陈师道（号后山）的诗，并收藏有明代刊本。1931年，文德堂书店从他人手中购入了《后山诗注》宋刊本，并打算向外出售。文德堂透露给周叔弢说，北平图书馆已打算出700元的价格买下此书。周叔弢听后，立马以双倍价格买下。据傅增湘说，这本书原是故宫藏物，当初是以40元卖出的，文德堂以二手购入，也不过花了100元。虽然这样的“豪举”可能引发很多人的不满，但周叔弢丝毫不在意。后来，傅增湘根据此书第一卷，校订出明刊本的几十处讹误，可知这本书的价值是难以用金钱来衡量的。

清代藏书名家黄丕烈所收藏的宋本书《陶渊明集》与《陶靖节先生诗注》，均为稀世珍品，他视若珍宝，故将书斋命名为“陶陶室”。后来，黄丕烈的藏书散出后，这“二陶”都被海源阁的杨氏收去。1933年，周叔弢从杨氏后人处购入《陶渊明集》，得陇望蜀，他又希望得到另外一“陶”，可惜却被别人捷足先登。

那时周叔弢的藏书之名，响遍京津，书商们都熟知他的癖好，知道他对刻意求购之善本书，从不吝惜金钱，因此有意提价，竟狮子大开口要他4000元，这在当时可是很大一笔数目了。几经磋商，书商始终不肯让价，周叔弢与他僵持了一年多，终于斗不过那些商人，照价买了下来。他明知书商是趁机抬价，但为了两陶集合璧，不致散失，甘愿让书商去赚巨款。

周叔弢曾说自己是姜太公钓鱼，愿者上钩，但也可以看得出这份“自嘲”中的欣喜。

因周叔弢十分注重藏书的完整性，故后来他又向海源阁杨氏后人买下了《苏东坡集》中的陶渊明诗二卷（曾经也收藏在“陶陶室”），使得“三陶”分而复合。

1952年，周叔弢将他藏书中的最精品——宋、元、明刻抄校本共计750种，全数捐给北京图书馆（今国家图书馆），其中就包括这“三陶”。今天，它们都安居在国家图书馆善本书库，得到了前所未有的妥善保护和管理。周叔弢可谓功不可没。

1942年，正逢抗日战争时期，周叔弢因家境所迫，忍痛卖掉了100多种明版书，得款10000余元。卖书时心中十分不舍，曾在一条藏书题识中记下这次卖书历程，称“去书之日，心中依依，不胜挥泪宫娥之感”。而在这时，北平书商将宋余仁仲万卷堂刻本《礼记》带回天津销售，他十分喜爱此书，便把刚刚卖书得到的钱又掏了出去。年末之时，他在购书册中记道：“卖书买书，其情可悯，幸《礼记》为我所得，差堪自慰。衣食不足，非所计及矣。”寥寥数语，足以看出周叔弢的爱书之情。

周叔弢注重善本书的完整性，又有浓厚的爱国之情，他不愿古籍流落异国他乡，所以对流失国外的善本书，总是尽力赎回。1933年，他偶然见到日本文求堂书目中有我国宋、元、明古籍百余种，不少是海内孤本，便想在国内号召大家集资赎买。无奈响应者甚少，他便只好尽个人之力，陆续赎回其中一部分，如《东观余论》（宋刻绍兴本）、《山谷诗注》（宋本）、《宋家杂记》（汲古阁影宋抄本）等。文求堂中有一本北宋版唐杜佑的《通典》，索价15000元，周叔弢无力购买，后来被日本文部定为国宝，不再销售，再也无法赎回。这是周叔弢多年的憾事，每每提起，都心痛不已。

（二）爱书的表现之二："拼图"

周叔弢的爱书还表现在努力保存全书的完整性，即他看见一部书散失在不同地方，必会千方百计搜寻，想方设法买下以凑成全书。这大概就像拼图游戏，总要一块块拼好拼完整，才算是完成了。

周叔弢的藏书中有元相台岳氏荆溪家塾本《春秋经传集解》，全书共三十卷，是周叔弢经过16年的时间才拼凑完成的。1930年春，他在天津文友堂书店购入其中两卷，即《春秋年表》和《名号归一图》，开始"拼图"历程。同年秋天，他又在藻玉堂书店买到另外六卷。1931年，在肄文堂书店又得二十一卷，至此，已得到二十九卷，只差第一卷便可凑齐。

为了这第一卷，周叔弢可谓殚精竭虑，不敢稍有懈怠。起初，他听说该卷被嘉定徐氏买走，便设法打听徐氏住处，并托人去找，人是找到了，结果却被告知被他人买走。周叔弢一度丧失了希望，便从傅增湘手中购入元刻抚州本第一卷来配套，但这终非"原配"，周叔弢终究心未能安。直到1944年，当听说他心心念念的第一卷出现在北平，他喜出望外，连忙写信去问，必欲得之而后快。没承想这时藏书的徐某却带着这卷书找上门来。但是徐某深知周叔弢非买不可，便开价高得离谱，交易最终没有谈成。此后两年中，周叔弢锲而不舍，多次写信和徐某商量，但屡次问价，对方便屡次提价，终未买成。

1946年夏，因堂侄周骏良的岳父孙多峻（字静庵）与这位徐氏是至亲，所以周叔弢便托付周骏良，拜托他的岳父孙多峻帮忙说一下，看看有没有希望，还特意嘱咐千万不要提起自己，不然一定不卖。几个月后的一天，恰好徐某托孙多峻鉴定旧玉，孙多峻趁机向徐某提起买这本书的事，徐某知道孙多峻只收藏古瓷旧玉，不懂版本学问，便开口要一两黄金。没想到孙多峻当时就答应了，立马付了一两金子，并约定明天把书送来。徐某在众人面前不好反悔，只好就成交了。

周叔弢在得到这卷书之后，高兴得不能自已。欣然命笔书跋道："珠还剑合，缺而复完，实此书之厚幸，岂余十余年好古之愿一旦得偿，为可喜哉！"喜极之情，溢于言表，诚心实在感人。"一两黄金一卷书"，一时在天津传为美谈。

还有明沈氏野竹斋刻本、汉朝韩婴的《诗外传》，也是他花了10年的工夫才收全。然而，另一部书就没有这么幸运了。宋版《春秋经传集解》也是经历了非常曲折的搜集过程。周叔弢先后从海源阁杨氏、李盛铎、王晋卿处购得二十三卷、四卷、一卷后，始终无法购得其余的两卷，未能凑齐这部珍贵宋版书，这件事让他一直抱憾。

周叔弢的这种"拼图"感情不仅仅表现在对自己的藏书上，对他人亦是。1948年，他得知故宫博物院发现宋本《群经音辨》首末两卷和宋抚州本《左传》自三卷以下诸册后，便把自己旧藏的《群经音辨》中卷和宋抚州本《左传》卷一、卷二两册捐赠给故宫，使之成为完璧，并十分开心地说："书之幸，亦暹之幸也。"

这样的例子数不胜数，他曾多次捐书，以便凑成完璧。对于自己的藏书，他决无丝毫居奇之心，而是一片赤子的纯真。这种努力让世人看到古籍全貌的善举，让人钦佩。

对于个人，周叔弢也是如此。碰到搜寻图书的同道，他也都尽力帮助，丝毫不吝啬，从不将藏书束之高阁。1931年，他得到一部宋代建安务本书堂刊刻的《王状元集注分类东坡先生诗》，十分珍贵，但后来听说傅增湘曾发愿搜集这位四川先贤的宋版诗集，正好在寻找这个版本，便主动用此书和傅增湘交换了三部明版书。傅增湘十分感激，抗战中，他将得来不易的几种宋版苏诗分交好友保管，却唯独留下周叔弢让给他的这一部珍本，可见傅增湘对此书的喜爱和对这份情谊的重视。

周叔弢“成人之美”“成书之美”的例子数不胜数，比如20世纪30年代，他从长子周一良处得知燕京大学教授洪业正在校订刘知几的《史通》，便把自己所藏的宋校本乾隆间黄氏刊《史通训诂补》一书相赠。再比如40年代，他从报刊上得知胡适在审判《水经注》赵戴公案，便将所藏抄本戴氏自定《水经注》相赠。

（三）爱书的表现之三：维护古籍

周叔弢十分爱惜善本古籍，非常重视对古籍的维护。他见不得古籍有一点点的损害，为此，他特地延聘一名专门修护善本的师傅在家工作，专门保养“自庄严堪”的藏书，可谓用心良苦。

周叔弢的藏书中有本元刻本《复古篇》，因纸张发脆，触手即碎，他便叫师傅加以重装，四周用白纸衬上，这样既方便了阅读，又延长了善本的寿命。他多次有感于传统装裱工艺的没落，还曾在全国人民代表大会上建议设立古籍维修技术班，培训此传统工艺的传承人。全国人大采纳了他的建议，分别在北京图书馆和中国书店各设一班，每班为期两年，来培养专门的维修人才。周叔弢的努力没有白费，培训班出身的这些人，对古籍的保存维护起到了一定的作用。

1928年，周叔弢从北京文禄堂购得宋释道原撰的《景德传灯录》（绍兴四年刻本），加之他之前收藏的《五灯会元》（宝祐年间刻本），堪称双绝。得书后第五天，第七子出生，因此起名为景良，并在书上撰写题识："深冀此子他日能读父书，传我家学。"谁知景良长大后喜欢理工，攻读晶体物理专业，后在中国科学院地质研究所工作，和版本学根本不沾边。年老后周叔弢每谈及此事，常感慨：子女十人各有所好，各有专业，确实不可以自身的癖好构成子女的负担。

还有，周叔弢平生做人做事，最讨厌虚假，他对误人子弟的伪书也是深恶痛绝。1941年，天津旧书市场上曾出现一批假冒的敦煌草书字帖，周叔弢起初未辨真假，便花高价买进。经仔细研究后，发现全是假书。他坚决不允许这种假书留在世上骗人，于是一把火全部烧光，不留痕迹。

这些关于周叔弢藏书的动人事迹，也仅仅是他藏书过程中的一小部分。在这个过程中，他一心爱书，毫无私念，为国家保存下来一批又一批难以估计的文化财富，让人心生敬佩。

（四）爱书的表现之四：严格的藏书标准

周叔弢精心寻求遗世古籍，精益求精，对藏书有很严格的要求。他曾拟人化地为其定了"五好"标准，这也是他鉴别善本书的标准。这五项标准分别是：一、刻版字体好（等于一个人先天体格强健）；二、纸墨印刷好（等同一个人后天营养得宜）；三、题跋好（如同一个人富有才华）；四、收藏印章好（宛如美人薄施脂粉）；五、装潢好（像一个人衣冠整齐）。

周叔弢用心良苦，以书比人，十分生动。但这绝不仅仅是比喻，周叔弢对书的爱护的确体贴入微，大有把书当作人来对待的意味。他自己看善本书时，会先把书桌打扫干净，然后再把书打开平放在桌上，或者一手轻托书背，端坐来看，总之，决不会褶了书本。这也对子女们产生了很大的影响，正因他在家常常这样看书，子女们耳濡目染自然也就学会爱惜书了。他常用“蹂躏”这类词来形容那些不好好看书的行为，对于那些不懂爱护书的人，即使是至亲好友也不愿把书借给他看。他在得到好书后，如果此书装潢好，就照原样保存；如有破损或装潢不如意的，就找良工来补缀、重装，然后再保存。用周叔弢的话说，这样才“对得起”好书。此外，他对书上的印章也特别在意，一般会采取很小的印章，这样如果后来的藏书人觉得讨厌，就可以挖掉，不致损书过甚。他对印泥也很考究，一直选用不渗油也不变色的印泥，来减少对书的污染和损害。

周叔弢的这个藏书标准，也曾引发过争议，被人讥讽为“古董家”收书，而不是普通读书人的藏书。但买书藏书是周叔弢的乐趣所在，他的“五好”标准，恰恰显示了他对古籍的挚爱，正是因为这份深厚的爱，才让他对古籍的欣赏标准如此之高。

周叔弢几十年如一日，以“五好”标准一点一滴地搜集宋、元、明、清善本书及活字版、手抄本、校勘本等古籍，数量约有33000册。这些藏书大部分他都看过，因而在版本目录研究方面有自己独到的见解，如宋本最接近原著且用纸讲究，刊刻艺术是后世典范；元代由于活字印刷术的改进和套版印刷术的发明，让刻书更为讲究；明代刻书可分为三个时期（明初到弘治年间，正德、嘉靖两朝，隆庆、万历以后），各有特点，但明代许多人经常妄改书名，删节内容，使其失去本来面貌，是大缺点；清代刻书数量多、质量高，同时康熙、雍正、乾隆三朝的开花纸是清朝独有，之后便绝迹。周叔弢对版本目录的见解继承了前人的传统但又有超出前人之处，可见对其进行了相当深的研究。

周叔弢一生所收藏的书约有37000册。“从年代说，自宋、金、元、明、清到民初；从版本说，有刻本、抄本、稿本、影刻本、影抄本、影印本及活字版本；从分类说，有经（易、书、诗、礼、春秋、孝经、四书、乐、群经总议及小学）、史（纪传、编年、杂史、奏议、传记、地理、政书、金石、目录、时令、史评及史抄）、子（总类、儒家、兵家、法家、农家、医家、术数、艺术、谱录、杂家、小说家、类书、释家、道家及宗教）、集（楚辞、汉魏六朝别集、唐五代别集、宋别集、金别集、元别集、明别集、清别集、总集、诗文评类、小说类、诗余类及曲类）；还有日本、高丽的刻本书籍及英美文学、辞典等类书籍。善本书中的精品达2672册，其中宋本百余部、元明本约二分之一，可以说是‘古今中外，无所不包’。”（《周叔弢传》）

（五）爱书的表现之五：亲自校勘

“周侯书眼炯如月。”（梁鸿志：《题周叔弢自庄严堪检书图》）

常观手校群书，皆字划端谨，朱墨鲜艳，颇具义门校书风格。（傅增湘：《周君叔弢勘书图序》）

所适在思得误处；校勘若对与仇家。（方地山赠与周叔弢）

周叔弢并非只藏不读，实际上，他博览群书，学问精深，时常亲自校勘古籍。1917年年底，他曾校出明刻本《太玄经解赞》中的千余个错字；1930年，他又以宋本《新序》校出明刻本中的300多个错字；1940年，他以宋本《金壶记》三卷，校出同书抄本的数十条脱误。而且周叔弢校书十分仔细，一直采用秀丽的小楷，从不随意涂抹。

除此之外，为使罕见的善本书籍得以广泛流传，周叔弢常常把它们影印或翻刻出来，如宋本《寒山子诗集》《宣和宫词》《孝经》《屈原赋》等。值得一提的是，宋本《鱼玄机诗》是黄丕烈的旧藏，后来被袁克文所得，是“百宋一廛”（赋名，清代顾广圻撰。《士礼居丛书》本，以赋体记录黄丕烈所藏宋刻本百余种）中的精品，袁克文的夫人刘梅还亲自抄写过一部，后周叔弢个人出资，精印了数本，因印数不多且纸张印刷都十分讲究，周叔弢十分珍惜，从不轻易赠人。这也是他的“自庄严堪”影印的第一部书。

（六）爱书的表现之六：天下公物，不负此书

“生计日艰，书价益贵，著录善本或止于斯矣！此编固不足与海内藏家相抗衡，然数十年精力所聚，实天下公物，不欲吾子孙私守之。四海澄清，宇内无事，应举赠国立图书馆，公之世人，是为善继吾志。倘困于衣食，不得不用以易米，则取平值可也。勿售之私家，致作云烟之散，庶不负此书耳。（1942年，周叔弢有感于国难，认为再去搜集善本恐不易，遂在手订书目上面为子孙留下了这番话）

周叔弢藏书，既不是为了营利，也不是为了传给后代，甚至也不是单纯的爱好，他藏书，如他所说，是为了“不负此书”。所以在1952年，他把

凝聚着自己多年心血的藏书，捐献给了新中国。

周叔弢爱书如命，也曾耗尽大半生精力去收藏这些善本，却又将书全部献出，正如他的次子周珏良所说：“这和他的藏书的指导思想很有关系。我们从小就看他买书、爱书，但从未感觉到，也从未听他说过，这些书要传给我们，‘子孙永保’。相反，却常听他说他自信懂得爱惜书，书在他这里很‘幸福’，将来也要给书找一个‘享福’的去处，以做归宿。这也就是说他藏书不只是爱好，还有更深的用意，就是保存民族的珍贵文物，不至因水火兵虫之劫，化为云烟，更不至流落海外，为他人所得。”

1949年，同叔弢从书商手中买到一册宋刊本《经典释文》，立即捐给故宫博物院，使故宫博物院原藏此书残本得以成为完帙。从那时起，他便开始有意识地捐书了。1949年10月后，周叔弢看到战事已平，人民生活逐步安定，为实现自己捐书的心愿，他从1950年年底就开始做起了准备工作，他曾这样说过：“捐书之时，何尝没有不舍之意，又曾打算留一两部自己玩赏，但想既然捐书，贵在彻底，留一两部又如何挑选，所以全数捐出，一本不留。”于是，他亲自从藏书中一本一本地选出上乘精品，翻阅、摩挲、校对、编目、装箱，直到1952年准备工作才就绪。

周叔弢向国家捐赠的第一批书均是他所藏善本书中的精品。这一批书由中央文化部直接接收，并收藏于北京图书馆。当时中央文化部副部长郑振铎也是一位知名藏书家，他看了周叔弢的捐书目录，连连惊叹。二人后来在北京见面时，郑振铎又十分敬佩地说：“您把最心爱的‘两陶’集都献了出来，真是毫无保留，难得！实在难得！”周叔弢诚恳地说：“对共产党、国家、人民，我无所保留。献书的决心，对我来说，不是轻易做出的。既然做了决定，就要坚决实现，不搞藕断丝连，献书工作还要继续下去！”

不管是在此前还是之后，周叔弢都说到做到，一直坚守着自己的献书工作。

1950年，他召集家族会议，将家祠“孝友堂”收藏的380余箱60000余册图书捐给南开大学，其中包括明刻本《南藏》及百余部丛书；同时捐出祠堂名下的厅房数十间、地三十余亩。

1951年，北京举行“永乐大典展览会”，周叔弢将自己所藏两卷永乐大典送去展览，展览后即捐赠给北京图书馆。

1952年，周叔弢又捐献了“自庄严堪”中最精华的一批藏书，包括宋、金、元、明、清善本中的珍品，共715种2672册，藏于北京图书馆。

> 1954年，他捐赠给南开大学三千余册图书，包括外文图书在内，收藏在南开大学图书馆；1955年，他捐赠给天津市图书馆三千一百余种，二万二千余册书籍，包括清代善本书及丛书，收藏在天津市图书馆；1982年，他又将“自庄严堪”仅存的一千八百二十七种，八千五百七十二册藏书，包括清代铜、泥、木三种活字版本七百余部，各种印谱一百三十多部，再度捐赠给天津市图书馆收藏。（《周叔弢传》）

私人藏书始于宋、元，盛于明、清。周叔弢藏书之丰富，可媲美前人；而捐书之彻底，便前无古人了。“自庄严堪”藏书全数捐出，标志着千年以来私人藏书事业的结束。周叔弢可谓是最后的传统藏书大家。

周叔弢不仅是远近闻名的藏书家，也是一位古代印玺的收藏家、鉴赏家。

早年，周叔弢对文字训诂兴趣颇大，也曾学过治印。堂弟周明锦治印了得，周叔弢常与他通信讨论治印，又因为十分欣赏周明锦的论印见解，故自己每刻一印，必定拓下寄给堂弟，以期得到他的评价。

周叔弢对篆刻的研究颇深，虽只是收藏鉴赏，但对印章的结构、篆字的选择、刀法的运用，都有精辟的见解。他从爱好篆刻出发，陆续搜集古玺印。他收藏的古玺近千方，大都是历代官玺私印。他收藏的玺印大部分捐献给了国家。1983年，天津艺术博物馆从周叔弢所捐的玺印中挑出有代表性的四百方印，辑为《周叔弢先生捐赠玺印选》。同时，周叔弢因为爱好篆刻和收藏玺印，还曾收集了一百多部印谱。

少年时代的家塾经历，本就让周叔弢打下了坚实的书法基础，后来，他对善本和玺印的收藏和研究，更让他成为极有造诣的书法家。周叔弢一直坚信“写字可以活动手，可以养养心”，在耄耋之年，每天仍然坚持练字。

1983年11月，周叔弢从北京开会回来后，因病需要住院治疗。住院前两天，他想起有人来找过他，让他为纪念毛主席诞辰九十周年写个条幅，十几个字就行。当时的他握笔已经很困难，脚肿得难以久立，但还是坚持写下“没有中国共产党，就不会有社会主义新中国”十八个凝聚了他全部感情的大字。两天后，周叔弢住院治疗，这一幅字竟成了他的绝笔。

二、教子有方

周叔弢教子有方，为族中公认。他一生结过三次婚，先娶萧琬，续娶许和之，再娶左道腴。共有七子（一良、珏良、艮良、杲良、以良、治良、景良）三女（珣良、与良、耦良），都学业有成，各有所长，其中获教授、

1950年7月28日，周叔弢六十（虚岁）大寿时，一家人在天津桂林路家中合影

总工程师、研究员职称的有八人。

在教育子女的过程中，周叔弢十分重视基础教育。他认为中国人应当了解中国的传统文化，于是开设家塾，让长子周一良接受传统文化教育；重视外语的周叔弢还为周一良请了外籍教师在家授课，学习日文和英文。后来，新式学校越来越多，周叔弢便将子女送去接受包括外语、科学等科目的新式教育，同时他也聘请教师来家里，定期为子女们讲解中国古典文学，补上新式学校课程的不足。同时，周叔弢十分注重言传身教。平时一言一行都严格要求自己，以期做好孩子们的榜样，使他们从中体会到该如何做一个人。他一生从未说过假话，待人接物都极为挚诚认真，为子女起了示范作用。

周叔弢对子女的教育费用从不吝惜。华北沦陷期间，物价上涨，人民生活困难。当时敌伪学校推奴化教育，周叔弢宁肯典当物件、变卖换钱，把子女送进学费昂贵的私立教会学校，也决不肯让他们去接受奴化教育。他努力让子女进入学费高昂的教会大学，去学自己喜欢的专业，绝对不让他们去敌伪大学读书。

周叔弢教育子女最典型的例子，莫过于他的两份遗嘱：一份是在1942年，他在手订书目上留给子孙的几句话（“天下公物，不负此书”小节首）；一份是在1982年10月，他手写下的遗嘱（“儒商从政”节末）。这两份遗嘱，不仅表达了他大公无私的遗愿，而且无形中教育了子女，更突出了他深爱子女之心。

周叔弢不仅养育了自己的孩子，也对自己的外甥教育有加。

孙浔，字师白，毕业于上海交通大学电机系，后从事硫酸工业，在当代化工业中与侯德榜齐名，个人捐资设立“师白硫酸技术发展奖励基金会”；其弟孙鼎，字师匡，毕业于上海交通大学电机系，在上海、天津创建新安电机厂，为我国早期电机制造业的发展做出贡献。这两个人都是周叔弢的外甥。孙浔姐弟三人幼年丧母，周叔弢受五姐所托，将三人接到家中抚养教育，直到他们考入大学，成人就业。

孙浔对舅舅周叔弢很是感激，曾回忆说：“弢舅与我母手足之情最深，不忘我母托孤，对我们哺育教养，终生难忘。”孙浔曾写文章回忆过这段经历，摘录如下：

> 礼，就是有礼貌，在家塾时学《弟子规》，如“将上堂，声必扬”“出必告，返必面”等等，要我们从幼小到长大，处处都守规

1985年，十兄弟姐妹在周耦良家中第一次聚齐

1991年，十兄弟姐妹在周珏良家中第二次聚齐

矩，要彬彬有礼。大家子弟不讲礼貌、不懂规矩，必被人讥为“无家教”，是家长之大忌。从一件难忘的小事，可以看出舅家的规矩。上桌吃饭，我们只能就面前的菜吃，不可以伸手到对面夹菜。有一次我犯了规，伸手到对面夹盐水虾，他对我看了一眼，我急忙把空筷子缩了回来。舅家是诗书继世之家，礼是第一。

其次是俭。弢舅经常力戒奢侈、力求俭朴。我们除年节喜庆之日穿绸缎衣服以外，平时皆布衣布鞋。有一次，我买一双哔叽面时髦鞋穿上后，他一直两眼盯着看，使我大窘，立刻换上家做的布底鞋，我又犯规了。但他对我们要求买书，从不拒绝，从不惜费用。我手中经常有一本张之洞的《书目答问》，以之为买书的依据。后来连大部头的《四库提要》，他也舍得买。我们的书房（家塾）有了小书库。他用大账簿登记书目，蓝布面上粘有红纸签条，他亲自写上“书目”二字，并有一小批条，“此书目中书由浔、鼎、一良共掌之”。为了买书，有时影响到家用，他也在所不顾。他从不骂子女，更没有体罚。他懂得教育子女要宽严结合，才能收效。

其三是勤。他一生勤于学，勤于事，从不偷懒。我们外甥，包括他的子女从小受到熏陶，勤这一美德，我们都继承下来。他教育我们要勤学。他的教育方法因受时代局限，还是以中学为体、西学为用。我们从青岛到天津一直在家塾读古书，那时周家各房都是如此；在天津他还让我们到东马路青年会读英文夜校。五四运动后，我弟兄接受新思想，要求进学校学新知识，弢舅思想较开朗，请周师为我们补习数学，用的课本是中国古老笔算数学。我们终于考进了南开中学，不过放学回家后还要从张师学古文、写文章。弢舅仍不放松督促，还不时地要张师把我们写的作文拿给他看。

中学毕业，我们要考大学。弢舅语重心长地说了一番话：“你们家贫，考大学要务实，出校就要有饭碗，因为脱离了舅舅家，你们都要自力更生。你们想学天文，学成后找事困难。考什么大学，我不干涉，但要大学毕业就能自立。”上海交通大学是中国名牌工科大学，毕业生找事容易，我们就南下到上海考交大，在五百多人报考中只录取三十多人，我们考取了。这是因为我们在弢舅家受过严格教育，得力于弢舅教诲“勤学”二字。

我大学毕业后工作几十年，始终注意勤于学、勤于事。我今天对国家有所贡献取得名列史册，又为我立传，一良等弟兄都已成为专家、名人。饮水思源，我们有此殊荣应归功于弢舅的教子有方。（《周叔弢传》）

孙浔在这段文字中也提及自己和周一良等兄弟姐妹之所以成为各行各界的名人，与周叔弢教子有方是分不开的。可见，建德周氏一族对教育极为重视的风气渗透到了每个家庭，一代又一代，绵延不绝。

第六章

史学家周一良

第一节 人生的“春天”

一良出自名门世家，家学渊源，年幼时读书条件好到无法再好的水平。因此，他对中国古典文献，特别是史籍，都有很深的造诣。他曾赴美国留学，熟练掌握英日两国语言，兼又天资聪颖，个人勤奋，最终成为一代学人，良有以也。中年后他专治魏晋南北朝史，旁及敦煌文献，佛教研究，多所创获，巍然大师，海内无出其右者。（季羡林）

一、幼年及少年经历

周一良，1913年1月19日出生于山东青岛，后在天津长大。“良”字是他这一辈的谱名，其“一”字是周叔弢取自《说文解字》，是“惟初太极，道立于一”之意。

周一良出生次日，母亲萧琬患急病去世。父亲周叔弢悲痛之余，急得束手无策。此时，他的德国朋友，牧师卫礼贤夫妇把刚刚出生的一良抱回家去，由卫夫人用牛奶喂养了一年，才送还周家。自小没有母亲的陪伴，这对周一良以后的性格产生了很大影响，他从小就很斯文、听话和呆板，极少大喜大怒，是典型的“乖孩子”。

（一）父亲的影响

曾祖父周馥去世时，周一良只有8岁，自然没什么记忆，祖父周学海更是根本没有见过。母亲也是早早去世，所以对周一良影响最大的长辈，只有父亲周叔弢了。

周叔弢律己甚严，也十分重视子女的教育，对他们要求很是严格，但其思想又比较开明。周一良是周叔弢的第一个孩子，同时又没有母亲的呵护，周叔弢自然对其煞费苦心，尤其重视对一良的教育，不惜花费重金请来名宿大儒坐馆家塾，例如张壵、毓廉、温肃、唐兰等。

周一良曾回忆过父亲给他印象很深的两件事。第一件事是他十六七岁的时候，天津的时髦女子开始流行烫头发。周一良有两个来自上海的堂姐，她们置办了火剪，自己烫着玩，顺便也给弟弟周一良烫了一头卷毛。当时周叔弢在唐山工作，但不知怎么知道了此事，当月在给周一良的信中，虽未提及烫发，却无意中插进八个字：“人能笃实，自有辉光。”这两句话对周一良的影响非常

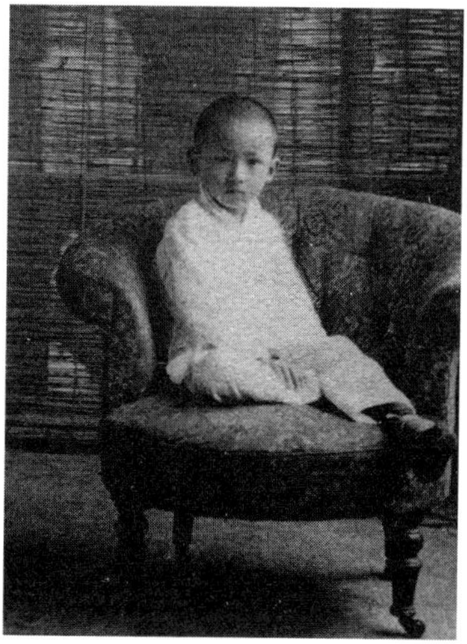
幼年的周一良

大，他以后一生可以悃幅无华，与这样的家教是分不开的。

第二件事是在周一良到燕京大学读书之后发生的事。当时他选了容庚教授的“《说文解字》研究”一课，原来他对这门课抱有很大期望，渴望在课堂上好好研究《说文》，但容庚的教学方式却有些特别。本来这是研究《说文》的一堂课，容庚却每堂课都在黑板上陆续写出楷体字，然后让学生轮流上去写出篆书，显然变成了练习篆字的课。当时周一良非常不尽兴，多次跟周叔弢谈及自己的不满，并多次表示要向老师提意见。周叔弢听后，只是告诫他对老师要尊重，各人有各人的教法，他这样教必然有其道理。周一良默默记住了父亲的话，在以后的为人处世中一直谦虚谨慎，十分注意自己的涵养，再也没有做过什么鲁莽的事。

周叔弢是著名的藏书家，周一良和其他子女在这样的环境中耳濡目染，像赵子昂所说的“勿卷脑，毋折角，毋以爪侵纸，毋以唾揭幅”之类的话，周一良从小便熟记于心。周一良曾替父亲校勘过古书，考证过父亲所藏的敦煌写本《禅数杂事》和金刻本《观音偈》等，通常周叔弢对周一良的奖励方式便是赠予他书籍，这也是旧时长者对后辈表达期望的常用方式。甚至在周一良70岁生日时，已经91岁的周叔弢还给了周一良一部嘉庆间胡克家原刻本《资治通鉴》，书上钤有“周暹”小印，搭配上裕德堂刊本毕氏《续资治通鉴》和涵芬楼影印宋刊本《通鉴目录》《释文》《考异》，其用心可谓细致周到，这套书也成了周一良永远的纪念。

出于对文物的爱护和对前辈的敬仰，周叔弢但凡遇见与自己有渊源的文物，总设法收购保存。他曾在市场上见到岳父萧绍庭先生自用的印章，便悉数收入囊中。也曾买过已故亲人喜爱的藏品，虽然其中很多都不算珍奇，但周叔弢每逢遇到，还是会买下来以资纪念。这一点对周一良的影响非常深刻。在父亲的熏陶下，他也十分喜欢逛旧书市场，多次淘到很多具有纪念意义的书籍。有次他买到了光绪三十六年（1906年）的《缙绅全书》，刚好是曾祖父周馥署理两江总督的年份，也曾买到过他出生年份的历书。可惜“文革”之后北京的旧书市场基本绝迹，这种访书之乐只有留在周一良美好的记忆之中了。

周叔弢最开明的地方，莫过于他对子女的专业选择一概不加干涉，所以十个子女未曾经商，而都从事了文史、科学、教育等方面的工作。这种情况，在旧中国一些资产阶级大家族中是颇为罕见的。

（二）十年私塾经历

周一良在家中读了十年私塾，这十年大体可以分为三个阶段。

头三年，也就是第一阶段，是跟三位曾教过周一良的父亲和叔叔的职业塾师学习。这三位塾师教授的课程比一般的塾师别出心裁，周一良所读的不是《三字经》《千字文》及《龙文鞭影》之类的开蒙读本，而是根据周叔弢的意见，按照汉代以来的旧制，从《孝经》开始，然后是《论语》《礼记》《孟子》《诗经》等。

第二阶段差不多有四年时间，是跟一位名叫张壶的年轻老师学习。张壶，字潞雪，来教周一良的时候只有24岁。张潞雪教书认真负责，难能可贵的是，他从未体罚过周一良他们。相反，张潞雪时常带学生出去游玩。周一良跟张潞雪诵读了《礼记》和《左传》及姚鼐编选的《古文辞类纂》等。让周一良十分怀念的是，张潞雪不主张死记硬背，而是注重讲解，循循善诱，还曾亲自把《皇清经解》所收一些《左传》的注解用蝇头小字摘要抄在周一良的读本上，也曾亲自给他讲《史记》《韩非子》等，教其作桐城派古文，等等。张潞雪的教法，让周一良明白文本的真正含义，让他受益终身。周一良曾回忆说：“我对于先生讲书，总是全神贯注，非常爱听。”

然而，天妒英才，周一良14岁时，张潞雪暴病逝世。回顾十年私塾教育，跟张先生这四年获益最多，长进最快，为以后他学习中国古典文献打下了坚固的基础。

第三阶段便是张潞雪去世之后的三年。张潞雪去世后，周叔弢又相继请了几位老师，其中有义和团起义时被杀的毓贤之弟毓廉，曾做溥仪南书房行走的温肃和一位喜欢作诗的张玉裁先生。可惜的是，这位善于作诗的张先生并不曾教过周一良作诗，其余两位老师给周一良留下的印象就更为淡漠了。从这些家塾老师的背景来看，我们可以发现周叔弢当时思想还是比较保守的，但后期他也将孩子们送去新式学校，这样前后一对比，更可以看出他的与时俱进。

周叔弢还聘请了唐兰为周一良讲《说文解字》，每周一次，这使得周一良在学问上开了眼界。当塾师之余，唐兰还为天津《商报》办过学术性副刊。这个版面的所有稿件，都是他一人用不同笔名发表的，涉及面十分广泛，包括经学、小学、诸子、金石、校勘及诗词等，足以看出这位私塾先生有多才华横溢。

家塾的最后这几年，周一良开始读一些朴学作品，尤其喜欢王引之的《经义述闻》和王国维的著作。他曾在《观堂集林》上题下了“一良爱读之书”六个字，以示景仰。

这种家塾模式的教学，少不了习字，然而周一良的习字课比较特别，按照周叔弢设计的方案，他不是从楷书入手，而是按照字体的发展顺序，从籀文、小篆等古文字入手，曾临摹《泰山二十九字》《峄山碑》《汉碑篆额》等。曾到方地山家摹写过甲骨文，方地山很欣赏他少年老成，曾赠他一联云："生小便能通鸟篆，闲来每与说龟藏。"后来周一良又练习隶书，如《礼器碑》《乙瑛碑》《史晨碑》等。最后才练楷书，临摹过欧阳询、颜真卿等的书法。功夫下了很多，但周一良总说自己在书法方面太缺乏天赋，没有学好任何一种字体，是他人生的憾事之一。

周一良这一生还有一件憾事，那便是他自幼喜欢京剧，却由于天生五音不全，无法唱出优美的曲子。但他对各种外语的发音，却得心应手，从未感觉困难。在周叔弢的主张下，周一良14岁就开始学日文。这里不得不提一下周叔弢的远见卓识。周叔弢当时认为，俄国、日本是中国近邻，在欧风东渐的形势下，中国必将与这两个国家关系日益密切，所以学习日文和俄文的重要性不言而喻。于是，周叔弢让周一良学日文，周钰良学俄文。后周钰良改学英文，而周一良却将日文的学习坚持了下来。可贵的是，周一良的日文老师都是日本人，所以他从小打下牢固的日文根底，同时，本着读外文也要通古典的看法，他还学习了一些古典文学作品如《保元物语》《源平盛衰记》，当然只是初窥了日本古典文学门径。

二、从东方走到西方

（一）求学北平

随着时代的发展，家塾已没有出路。周一良也开始不满足于家塾中所

年轻帅气的周一良

学的知识，于是他决定去北平求学。但是他一无高中文凭，又对数理化一窍不通，不能报考正规大学本科。恰好燕京大学设有训练中学国文教员的两年制专修科，无需任何文凭和资历，只考中文和史地两科。周一良便于1930年报考并被录取到了这个专修科。唐兰曾为他写过介绍信，信中夸赞周一良“其人少年，学有根柢”。在国文专修科后，周一良选修了容庚的“《说文解字》研究”、顾随的“词选”“诗选”、钱玄同的“音韵学”、马鉴的“笔记研究”等。其中，顾随的诗词课对周一良启发最大。

可是，随着周一良对大学情况了解的加深，他开始觉得专修科并非“正途出身”，所以未等到毕业，便下决心转入大学本科，后进入辅仁大学历史系。

不过到辅仁后，周一良又不满意了，便想再次“跳槽”。想做就做，在经过中文和英文两科的考试后，周一良于1932年顺利插入燕京大学历史系二年级。在燕京大学，周一良最大的收获是解决了自己的终身大事。

（二）泰山情侣

1933年春假，燕京的学生们组织到泰山、曲阜旅行。大家在玉皇岭过夜时，周一良的钱包和大衣被偷走了，次晨只好狼狈地裹着棉被向同学借钱。国文系一年级的女生邓懿慷慨解囊相助，然后二人开始来往，后来发

1938年4月3日，周一良和邓懿的结婚照

展成为恋人。1937年春，二人订婚；1938年春，二人在天津结婚。燕京的同学一直戏称他俩为“泰山情侣”。这个浪漫有趣的称呼，如今镌刻在他们的墓碑上。

邓懿于1932年毕业于天津南开中学，后来保送燕京大学国文系。大学毕业后，邓懿又成为清华大学中国文学研究所的研究生。当时清华大学副校长张维的夫人、著名航空航天学家陆士嘉第一次看到邓懿时，便赞叹道：“什么是大家风范？邓懿就是大家风范！”可见邓懿气质出众，绝非一般女子。

在燕京大学，周一良主要从学的教授是邓之诚和洪业。除此之外，还有顾颉刚、钱穆、张星烺、李德等。其中对周一良影响最大的是邓之诚。

在听他开设的“中国通史”这门课程时，周一良开始对魏晋南北朝史产生了兴趣。以后的时光里，他都十分感谢邓之诚老师将自己带入这个领域，他也时常记得恩师对自己的教诲：“研究学问每年都要有所长进。”这一直激励着周一良在学业上不断前进。

1935年，周一良本科毕业后，便申请当了燕京学社的历史系研究生。在这一年里，他对政治运动置身事外，但在学术道路上却出现了一个新的转折。

（三）历史语言研究所的一年

1935年秋季开学后，周一良跑到清华三院去旁听了陈寅恪先生讲的“魏晋南北朝史”，听完就佩服得五体投地。之后更欲罢不能，也因此决定了从事魏晋南北朝史的研究方向。1936年秋，周一良离开北平后，还委托邓懿代替自己去听课记笔记，足以看出他对陈寅恪学识的喜爱。

1936年，在俞大纲的推荐下，同时出于可以向陈寅恪学习的考虑，周一良来到已迁南京的历史语言研究所（以下简称“史语所”）历史组（陈寅恪是组长）工作。傅斯年当时任史语所所长，在工作和生活上都给了周一良不少帮助。史语所的学术氛围十分自由和宽松，所内虽不指定题目，也不限期要求成果，但大家都虔诚地做学问，自然学术成果累累。周一良也因为潜心向学，采用“不懂就查”的笨办法，最后水到渠成，在一年之内就发表了三篇较有分量的文章（《南朝境内的各种人及政府对待之政策》《宇文周的种族》《领民酋长与六州都督》）。

（四）赶赴美国：哈佛七年

1937年夏天，周一良回天津探亲，正好赶上抗战全面爆发，他便滞留在了家中。他本来打算结婚之后再返回史语所，但此时命运又出现了转折。他曾经的老师洪业给他提供了一个去美国哈佛大学留学的机会，学习比较文学。于是，周一良改变计划，于1939年赶赴美国。

在哈佛大学历史系的七年中，周一良学习了多种语言，如梵文、希腊文、拉丁文、德文、法文等，当然很多种语言也因后来回国后不常使用而被他束之高阁。在叶理绥教授的指引下，周一良还涉猎了日本语言文学方面的相关研究，阅读了一些日本历代文学名著如《竹取物语》《今昔物语》《心中天网岛》等，扩大了其日本语言和文学知识面，为以后能在哈佛教日语打下了基础。周一良的博士论文——《中国的密教》，就是利用自己的梵文知识，研究了唐代天竺来华的三个密宗僧人，以三家传记为内容，再配以详细注释和专题附录而成，并于1945年在《哈佛亚洲学报》发表，颇受重视。

周一良、邓懿在美国普利茅斯合影

妻子邓懿于1941年赴美，在哈佛大学女校学习了一段时间后，便在哈佛远东语文系任教。1943年，因美日开战，为训练美国士兵掌握中日语言，赵元任受美国政府的委托，在哈佛开办了美国陆军特别训练班（Army Special Training Program，简称ASTP）。赵元任挑选了几位北京话标准的留学生辅导训练，邓懿就是其中一位。这件事为邓懿后来从事对外汉语教学打下了坚实基础。

1944年，周一良取得博士学位后便留在哈佛教日语，任期两年。1946年合同期满，此时去国已八个年头的他，早已迫不及待，这次终于可以怀着“漫卷诗书喜欲狂”的心情，带着妻子孩子，奔返祖国了。

（五）回国与任教

1946年回国后，周一良因与燕京大学有约在先，故受燕京大学之聘，在国文系任副教授。因受当时校内派系之争，周一良没有分到可安置一家人的住房，所以邓懿和孩子们只得留在天津。

1947年，出于可以随时向陈寅恪请教（此时陈寅恪在清华）和住房问题的考虑，周一良转入清华大学任教授，在外文系教授日文，此时才有了住房，得以接妻儿来京。1949年秋天，周一良终于转入清华大学历史系，任历史系主任，讲授魏晋南北朝史。此时恰逢教育部委托清华大学创设“东欧学生汉语专修班”，以便东欧友好国家留学生学习汉语，邓懿负责教学工作，亲自编写教材、安排课程，甚至亲自上阵，讲授课程，赢得好评，“专修班”自然越办越好，这也得益于她在美国期间从赵元任那里打下的基础。

1952年秋天，院系调整，周一良和邓懿都服从分配，成为北京大学的教师。周一良任历史系中国史教研室主任，邓懿则任外国留学生中国语文专修班教研室副主任。1953年，在生下三个儿子之后，周一良和邓懿终于等来了小女儿，从此儿女齐全。

邓懿在清华大学时，成为第一批教授对外汉语课程的教师之一。除教授课程外，她还亲自主持编写了《汉语教科书》这本教材。此书是中国第一部完整的对外汉语教材，语法系统，词汇丰富实用，听、说、读、写面面俱到。此后，这本教科书沿用了十多年，邓懿创建的这套语法体系，为其他国家的汉语教学提供了模板，其影响范围波及全世界，其成就在中国对外汉语教学史上可以说堪称首位。

第二节　毕竟是书生

一、劫后余生向前看

1980年5月6日，好友魏建功去世。周一良来参加追悼会，看到了王西征先生送的挽联中有这么两句："五十年风云变幻，老友毕竟是书生。""毕竟是书生"这五个字深深触动了周一良。他方才明白，原来自己这三十年来，剩下的不过"毕竟是书生"而已。

在经历了"文化大革命"和审查之后，劫后余生的周一良又重新进入属于自己的"书生"角色。进入角色后，他主要做了以下几件事情。

继续阅读政审期间未读完的书籍，重新从事魏晋南北朝史研究。于1985年出版了《魏晋南北朝史札记》，同时他写了大量的文章，如《论梁武帝及其时代》一文，详尽探讨了梁武帝统治时期的政治得失、南北关系、文化风貌等；《魏晋南北朝史学发展的特点》《魏晋南北朝史学著作的几个问题》《略论南朝北朝史学之异同》《魏晋南北朝史学与王朝禅代》等文，从不同的角度概括总结了魏晋南北朝史学发展的脉络；《评价三部魏晋南北朝著作》《〈博陵崔氏个案研究〉评介》等书评，对论著涉及的有关问题进行了具体的探讨和分析，是学术评论中的经典之作。这些论文如今都收在1991年出版的著作——《魏晋南北朝史论集续编》中。1997年，北京大学出版社重新出版了这本《魏晋南北朝史论集》。

加入敦煌研究组，再次涉及敦煌学研究。周一良在20世纪40年代就留意于中国佛教史及敦煌文献的研究，这时又碰巧赶上北京大学成立以邓广铭为首的中国中古史研究中心，他便加入敦煌研究组，在组内负责写本书仪的研究。书仪是古人撰写书信时的范本，史籍记录的唐五代以前的书仪已基本失传。然而在1900年发现的敦煌石室遗书中，保存了唐五代时期的书仪写本有140余种。为此，他和赵和平一起，探讨了书仪的渊源、性质、分类等问题，并于1995年合作出版了《唐五代书仪研究》一书。该书由十三篇论文组成，其中《敦煌写本书仪考（之一、之二）》《书仪源流考》《敦煌写本书仪中所见的唐代婚丧礼俗》《唐代的书仪与中日文化关系》等五篇论文为周一良所写。论文不仅对唐五代书仪的类型、源流等进行了多方面的考证，而且全面剖析了这些书仪中所反映的唐代社会生活及其对日本历史的影响。

同时，周一良十分留意敦煌文献中变文词语的诠释，多次参与了学术界关于变文俗讲的讨论，参与《敦煌变文集》的校订工作，并撰写了《牟子理惑论时代考》《敦煌写本杂钞考》《佛家史观中的隋炀帝》《宋高僧传善无畏传中的几个问题》等多篇论文。

继邓广铭之后，周一良担任了北京大学历史系主任。在任职期间，他促成了考古专业独立建系，还参加了一些大型辞书的编写工作，并指导了若干魏晋南北朝史研究生和一名来自东京大学的研究魏晋南北朝思想文化史的留学生。

除上述工作外，周一良还做了许多其他方面的工作。如：完成了《中国大百科全书》中国历史卷里魏晋南北朝一段的主编任务；探讨了中日文化交流史中的若干问题，提出狭义、广义和深义文化的论点，并主持编写了一部以国别为单位的《中外文化交流史》，此书虽成于众手，但总不失为一部比较系统、翔实可靠的著作；1985年被邀请参加联合国教科文组织主持编写的《人类科学文明发展史》工作，成为本书第三卷（公元前7世纪至公元7世纪）的编委会成员，之后曾四次赴欧洲参加会议，撰写了本卷中古代朝鲜和古代日本两节。

这二十多年，总算是太太平平度过。晚年的周一良和邓懿，时常到海外走走，看望一下子女，尽享天伦之乐，也算是苦尽甘来。1998年，周一良的自传《毕竟是书生》出版之后，在社会上引起了不小的关注。有人理解同情，但也有人认为，许多事情不是仅凭一句“毕竟是书生”就可以一笔带过的。但是，周一良只是淡淡地对汤一介说：“我们自责是应该的，但历史还是历史。至于这段历史的真相，可能是我们这样的书生永远也弄不清楚的。”

作为周氏家族的一员，周一良的读书方法，也是值得后人推崇的。他读书有两大特点：一是肯下“笨”功夫，二是注重读书方法。他一般从最基本的原始文献入手，网罗殆尽后，会尽全力将有代表性的著作一一悉心读过，每每有心得体会，他便在书眉或书端处加以批写。他曾在写给傅斯年的信中说过：“一良藏书无珍本，但经校读批改后，便觉恋恋如故人，不忍舍弃之矣。”

二、离开人世

2001年10月22日晚，周一良看完了凤凰卫视播出的《张学良传》后，安然进入梦乡。23日清晨，他在睡梦中安详去世，没有一丝痛苦挣扎，享年88岁。其夫人邓懿于2000年病逝，葬在北京大学附近的一座公墓里，周一良死后与其合葬，墓碑上刻有“泰山情侣”四个字、周一良和邓懿二人的名讳和家人的挽联。

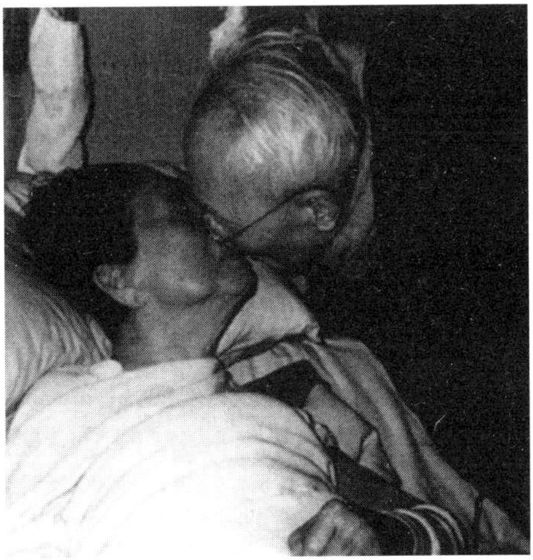
周一良晚年亲吻病床上的邓懿

周一良晚年患有帕金森病，但他直到临终前都头脑清晰。去世前三周，也就是2001年国庆节期间，他把周家三十多人召集在“无名居饭庄”聚会、合影，四个儿女也难得一同由美国、天津到北京看望他。周一良先安排全家给父亲周叔弢和母亲萧琬扫墓，又去为邓懿扫墓。这些都是他逝世前想要完成的心愿，他都做到了。晋人王珣曾哀叹道：“人固不可以无年。”白居易也有诗云：“镜中莫叹鬓毛斑，鬓到斑时也自难。多少风流年少客，被风吹上北邙山。”周一良出生和生活在如此巨变、多变、善变之世，用他自己的话说就是：“自当争取‘有年’，争取‘鬓到斑时’。”在当时的老知识分子中，无论从健康状况、家庭关系、工作条件哪个方面而言，他与邓懿，或许都是被人羡慕的，做到了“有年”，亦做到了“鬓到斑时”。

从1932年发表《魏收之史学》开始，周一良先生从事史学研究60余年，在中国史、日本史、亚洲史、敦煌学及中外关系史诸领域都有著作问世，其中大部分代表了这些研究领域的最高水平，许多论著开风气之先。在60余年的教学生涯中，周一良先生以其渊博的学识、扎实严谨的学风、诲人不倦的师德、平易近人的态度，赢得了海内外学者的爱戴和尊敬。

结　语

“余童年眼极明，坐室中，见日光内游尘如断丝，纷扰不已。初疑为灰土簸扬，及随处察之皆然，问我祖父曰：‘此何物，不坌入我腹中耶？’祖父笑曰：‘此气也，俗语曰“人在灰中不吃灰，鱼在水中不吃水”。’始悟空中皆元气弥满。”这是周馥在《负暄闲语》中忆起儿时和祖父聊天的一段话，让我印象颇深。空气中的游尘若断丝，为呼吸着的人毫无保留地提供了赖以生存的元气，正如同润物细无声的周氏家风，细若游丝，穿越百年时空，一直默默滋养着家族中的每一个人。

常言道，“君子之泽，五世而斩”，而安徽建德周氏一族，却在风雨中历经沧桑，百年来人才无数，堪称家族典范。自周馥的祖父周乐鸣起，周氏一族就坚持“以诗书培其脉，以道德植其基”的教育理念，并逐渐形成了注重培养道德、重视读书教育的家风，走出了一位又一位家族名人。

“寓淡远于雄奇之中。”曾国藩的这句名言，或许正是这个家族绵延不息的奥秘所在。自周馥起，建德周氏一族真正开始崛起，如今已经历经六代。起初，家族人员以从政和办实业为主，后来慢慢由实业家族向文化家族过渡，越来越多的后代开始涉足学术界和文化界，且大都学有所长，成为各自领域的领军人物，形成了这个家族独有的特色。可以说，周家人在学术和文化上的成就，又进一步固化了周氏家风，形成了这个家族独一无二的向心力和凝聚力。100多年来，周氏子弟对家风有传承，亦有增改，却始终能够坚守，不曾放弃。当家族还未崛起时，他们没有忘记长辈对自己的谆谆教诲，砥砺前行，誓要重振家族；当家族兴起时，他们没有骄傲自大，继续默默耕耘着自己，以期更长远的发展；当家族壮大时，他们依旧坚守自己，本着对家族强烈的认同感，顺势而为，努力让家族的荣光沐浴着子子孙孙。

家风无大事，或许只是一些关乎日常生活的传统与习惯；家风亦无小事，它可以影响一个人的性格和品质，改变其生命的宽度和深度。它让家族中的每一个人，都学会了用怎样的态度去对待生活中每一件大大小小的事情，那些点点滴滴，都是家风存在的见证；它也让我们每一个人，都真真切切地领悟到，我们到底为何而存在。

参考文献

[1]近代史资料编辑部.近代史资料（总第77号）[J].北京：中国科学院出版社，1990.

[2]近代史资料编辑部.近代史资料（总第78号）[J].北京：中国科学院出版社，1991.

[3]安徽省东至县地方志编纂委员会编.东至县志[M].合肥：安徽人民出版社，1991.

[4]周慰曾.周叔弢传[M].北京：北京师范大学出版社，1994.

[5]徐梓.中华文化通志·教化与礼仪典[M].上海人民出版社，1998.

[6]周一良.钻石婚杂忆[M].北京：生活·读书·新知三联书店，2002.

[7]汪志国.周馥与晚清社会[M].合肥：合肥工业大学出版社，2004.

[8]政协天津市河东区委员会学习和文史资料委员会编.周馥家族与近代天津[M].天津：河东区文史资料第十八辑，2006.

[9]王忠和.东至周氏家传[M].天津：百花文艺出版社，2007.

[10]虞和平，夏良才.周学熙集[M].武汉：华中师范大学出版社，2011.

[11]周馥.负暄闲语[M].北京：中国书店，2013.

[12]廖康强.中华姓氏起源通史[M].北京：中国商业出版社，2014.

[13]周遵鹏.凯碑镌文[M].西安：三秦出版社，2015.

[14]周景良著，孟繁之编.曾祖周馥——从李鸿章幕府到国之干城[M].太原：三晋出版社，2015.

[15]周一良.毕竟是书生[M].天津：天津人民出版社，2016.